AF197591

Wer kümmert sich um

mich?!

(k)eine autobiografische Erzählung

(k)eine Hilfe zur Selbsthilfe

(k)eine Anklage

© 2019 Josef Bacher-Maurer

Umschlaggestaltung: Michaela Bacher-Maurer

Lektorat: Michaela Bacher-Maurer, Eva-Maria Rühling
Herausgeber: Josef Bacher-Maurer
Bilder: ©olly-STOCKADOBE.com und ©marigold_88-
STOCKADOBE.com; St. Ottilien: Br. Cassian Jakobs OSB. Portraitbild:
Fotoagentur Eberhard Strabel

Verlag und Druck: tredition GmbH, Halenreie 40-44, 22359 Hamburg'

978-3-7497-4346-9 (Paperback)
978-3-7497-4347-6 (Hardcover)
978-3-7497-4348-3 (e-Book)

Das Werk, einschließlich seiner Teile, ist urheberrechtlich geschützt.
Jede Verwertung ist ohne Zustimmung des Verlages und des Autors
unzulässig. Dies gilt insbesondere für die elektronische oder sonstige
Vervielfältigung, Übersetzung, Verbreitung und öffentliche
Zugänglichmachung.

Bibliografische Information der Deutschen Nationalbibliothek:
Die Deutsche Nationalbibliothek verzeichnet diese Publikation in der
Deutschen Nationalbibliografie; detaillierte bibliografische Daten sind
im Internet über http://dnb.d-nb.de abrufbar.

Liebe Marianne!

Dieses Buch widme

ich dir und unserer

Liebe.

Inhalt

Inhalt

Vorwort des Autors

Dieses Buch war nicht geplant. Es entstand spontan und innerhalb von neunzehn Tagen. Fast so spontan und planlos, wie die hierin beschriebenen dreizehn Monate der Ereignisse, die aus heiterem Himmel über mich hereingebrochen sind.

In diesem Buch schreibe ich nahezu ausschließlich in purer und nackter Sprache über meine Gefühlswelt – aus der Perspektive des (Ehe-)Partners meiner an Krebs erkrankten Frau und meist in der „Ichform". Gleichzeitig beleuchte ich selbstreflektierend meine berufliche Rolle aus der Sicht als Heilpraktiker für Psychotherapie, der in diesem Fall die „betroffene Hauptrolle" innehat. Es ist meine ungeschminkte und subjektive Wahrnehmung, wie schnell und unbemerkt der Partner sprichwörtlich nebenbei unterzugehen droht, weil sich alles nur noch um dieses Geschwür „Krebs" dreht, welches nicht nur Körper zerstören kann, sondern auch den Partner und/oder die Familien.

Mit der Veröffentlichung meiner eigenen „Abgründe" liegt mir die Sensibilisierung aller Menschen am Herzen, sich wieder mehr zu kümmern, gerade auch um die Angehörigen von Schwerstkranken, damit diese ganz praktisch erfahren, nicht allein zu sein mit ihren Ängsten und Sorgen.

In meinem Buch schildere ich chronologisch den Verlauf der Erkrankung meiner Frau von der Diagnose bis zur Reha. Zwischendurch beschreibe ich die Selbstreflektion während meiner Arbeit an der jeweiligen Situation. Diese Reflektion ist meine eigene, persönliche Reflektion und soll nicht als Rezept verstanden werden. Sollten sich jedoch Impulse beim Leser daraus ableiten, kann ich sehr gut damit leben.

Meine Hauptmotivation für dieses Buch ist, den Partnern eine Stimme zu geben. Die meist stummen Begleiter schwerstkranker Menschen wollen Kraft spenden und Hilfe leisten, damit der kranke Partner so schnell wie möglich wieder ganz gesund wird. Dies geht bis zur Selbstaufgabe, mit der Folge eigener physischer, aber auch psychischer Erkrankungen. Damit ist niemandem geholfen.

In meinem Buch möchte ich ermutigen, sich rechtzeitig professionelle Hilfe zu holen. Rechtzeitig heißt, prophylaktisch, bevor es beginnt zu schmerzen. Der Schmerz – egal ob körperlich oder in der Seele, ist dann schon ein absolutes Warnsignal und Ausdruck tiefer Not.

Nehmen Sie sich Zeit und Ruhe für diese Lektüre und lassen Sie die Zeilen auf sich wirken. Es wäre dem Inhalt unangemessen, Ihnen viel Spaß oder Freude beim Lesen zu wünschen, daher danke ich für Ihr achtsames Lesen.

Einleitung

St. Ottilien, 11. Juni 2019

Es ist nun halb fünf am Nachmittag und ich sitze auf einer Holzbank vor dem Exerzitienhaus im Kloster St. Ottilien.

Ich frage mich gerade: Wie ist es dazu gekommen?

Die Ereignisse der letzten Monate beziehungsweise der vergangenen eineinhalb Jahre haben mich an meine Grenzen gebracht. Obgleich ich bis gestern Abend noch der Meinung war, dass diese Idee und das „Drängen" meiner Frau Marianne zu dieser Auszeit jetzt nicht in den Zeitplan passt, weil ich gerade ein einwöchiges Seminar geleitet habe und wir ohnehin in zwölf Tagen in den Urlaub fliegen, so merkte ich bereits auf dem Weg mit dem Fahrrad hierher, wie kraftlos und ausgezehrt sich meine Seele anfühlt. Trotz oder gerade wegen der anstrengenden und für mich bislang längsten Tour von knapp neunundsechzig Kilometern spürte ich mit jedem Tritt in die Pedale die Grausamkeiten der vergangenen Wochen und Monate in meinem Herzen.

So dauerte es einige Kilometer, bis ich mich auch vom Verstand her tatsächlich auf die Reise begeben konnte.

Vor der Abfahrt warf ich durchaus einen besorgten Blick in Richtung Himmel. Gestern Abend hatte ein schreckliches

Gewitter mit Sturm getobt. Hagel und Starkregen. Auch heute Morgen hatte es noch geregnet, der Himmel war dunkel und die Wolken hingen bis fast zum Boden.

Um acht Uhr wurde es heller, sodass mein Plan, egal bei welchem Wetter mit dem Rad zu fahren, sich etwas entspannter anfühlte.

Zudem wollte ich unbedingt noch vor der Abfahrt die „schwierigeren" Gartenflächen mähen, damit das Gras später nicht zu lang sein würde und ich wohl auch mit einem besseren Gewissen fahren könnte. Ich wollte mir also quasi die Erlaubnis erteilen, nach getaner Arbeit ins „Nichtstun" zu gehen.

Während ich diesen Satz hier zu Papier bringe – den ich übrigens tatsächlich per Hand in ein kleines Büchlein schreibe, welches ich mir nach meiner Ankunft im Klosterladen gekauft habe –, merke ich in der Tat, dass ich mir offenbar für diese Tage der Kontemplation und der Ruhe erst selbst die Erlaubnis geben muss. Die Erlaubnis, dass nichts wichtiger ist als ich selbst. Puh, wie krass fühlt sich das an – nichts und niemand ist wichtiger als ich selbst.

Wie oft habe ich meinen Klienten und Klientinnen diesen Satz bereits zu Beginn der Therapie herausarbeiten lassen? Sie sollten einfach spontan die fünf wichtigsten Menschen in ihrem Leben auf ein Blatt Papier schreiben. Keiner, aber auch wirklich gar keiner, kommt dabei auf die Idee, sich selbst in diese Liste einzutragen.

Und obwohl ich es besser wissen sollte, gelang es mir nicht, für mich selbst gut zu sorgen oder mich gar wichtiger zu nehmen als alle anderen.

Im Gegenteil, ich war sogar ein Stück weit wütend über die penetrante Art meiner Frau, mich sozusagen in eine Auszeit zu zwingen. Ursprünglich hatte sie mir sogar ein Retreat in einem Zen-Kloster ausgesucht. Dies erschien mir jedoch von der Ausschreibung zu „eng" gefasst zu sein und vor allem die langen Sitzeinheiten haben mich eher abgeschreckt. Ich habe mich dann für den gleichen Zeitraum als Gast hier in St. Ottilien angemeldet.

Und so bin ich heute Morgen, nach getaner Gartenarbeit bei dunklen Wolken am Himmel losgefahren.

Beim Abschiedskuss spürte ich bereits die Tränen in meinen Augen, welche sich auch während der Fahrt immer wieder meldeten. Zunächst glaubte ich, es wären Tränen wegen des Abschieds von meiner Frau. Dies ist nun anders, denn ich spüre eine Traurigkeit in mir. Diese Traurigkeit gilt einerseits (oder hauptsächlich) mir selbst. Andererseits spüre ich aber auch die tiefe Trauer über den Tod meiner Mutter und meines Vaters, die beide innerhalb von nur fünf Monaten völlig überraschend verstorben sind.

Nach dem Unwetter am Vorabend führte mich meine Route auf dem Weg hierher durch Landschaften der Verwüstung. Bei uns daheim kam es zu keinen Schäden. In der Region Gilching, Ammersee, bot sich jedoch ein Bild der Zerstörung. Felder und Äcker waren platt, Äste und Laub bedeckten die

Straßen. Die Autos standen auf der Straße mit Dellen und teilweise eingeschlagenen Scheiben.

Die Natur zeigte mir, welche Kraft in ihr steckt. Wie klein wirken dagegen die Sorgen in mir und es wurde mir bewusst, wie vergänglich doch alles ist. Die Natur hat ihre eigenen Gesetze und ob es mir passt oder nicht, mit dem Ergebnis muss ich leben.

Das Bild auf den Wegen und ringsum mich herum war für mich gefühlt wie der momentane Zustand meiner Seele. Ein Unwetter, das übers Land zieht und ein Bild der Verwüstung hinterlässt. Alles liegt zerfetzt am Boden – wirklich alles?

Ja und nein, denn es kommt auf den Blickwinkel an. Sobald ich mich auf den Weg konzentrierte, damit ich ans Ziel kam, bot sich mir ein Bild der Verwüstung. Wenn ich aber dann mal anhielt – innehielt und den Blick nach oben richtete, mich aufrichtete –, konnte ich erkennen, dass noch Blätter an den Bäumen hingen und dass sich am Himmel die eine oder andere Lücke auftat, damit die Sonne durchscheinen konnte. Es wirkte beinahe schon etwas bizarr und zynisch, wie die Sonne ihre Strahlen auf die Zerstörung warf.

So habe ich auch mir erlaubt, mir etwa auf halber Strecke eine Pause zu gönnen und in einem kleinen Café einen Espresso zu bestellen.

Sofort kam wieder ein Gefühl hoch, ob ich das jetzt überhaupt dürfte, denn: „Du bist ja noch nicht am Ziel." Ja, es geht! Und ja, verdammt, warum nicht?!

Wie weit habe ich es gebracht, dass ich sogar vor mir selbst Rechenschaft ablegen muss? Gott sei Dank kann ich es mir noch bewusst machen. Na, dann ist es ja noch nicht zu spät und es besteht noch Hoffnung.

Noch Tage vor der Abfahrt habe ich zu meiner Frau Marianne und meiner Tochter Michaela (aus Spaß) gesagt, dass ich etwas besorgt bin, allein mit mir selbst und ohne Aufgabe diesen Weg anzutreten. Michaela hat mir auch strengstens untersagt, mein Notebook mitzunehmen. Nur das Handy durfte ich mitnehmen und das habe ich gut als Routenplaner brauchen können. Darüber hinaus habe ich bislang nur meine Ankunft hier nach Hause gemeldet und Fotos gemacht.

Nach circa dreieinhalb Stunden Fahrt kam ich ein bisschen stolz und auch spürbar erschöpft an. So verrückt es auch klingen mag, machte ich mir gleich wieder Gedanken, was ich nun in diesen Tagen alles machen könnte. Es ist so unglaublich, dass es so eine große Herausforderung ist, einfach nur spontan abzuwarten und, wie Jon Kabat-Zinn es beschreibt, die Veränderung des Augenblicks zu beobachten.

Mittlerweile habe ich meine Parkbank gewechselt und vor dem großen Portal der Klosterkirche einen neuen Platz gefunden. Es ist kurz vor achtzehn Uhr und die Abendmesse beginnt. Ich beschließe, einmal Spontanität auszuprobieren, und nehme am Abendgottesdienst teil.

Da das Exerzitienhaus mit einer Tagung der Benediktiner Oblaten und einem Seminar ausgebucht ist, ist die Messe ebenso gut besucht. Ich war ja nun schon einige Male für einen Kurzbesuch in St. Ottilien und kenne den Chorgesang beziehungsweise den Gregorianischen Choral. Es ist immer wieder aufs Neue etwas Beeindruckendes und ein tief ergreifendes Erlebnis und es versetzt mich in meiner Vorstellung geradezu Jahrhunderte zurück.

Durch dieses „sich Einlassen" auf den Gesang, die Aufnahme der akustischen und visuellen Eindrücke, das völlige Eintauchen in den Augenblick wird alles, was heute war, alles, was vorhin noch an Gedanken durch den Kopf schwirrte, plötzlich nicht existent. Nichts spielt mehr eine Rolle, nicht einmal die Bilder der Verwüstung auf der Anreise.

Das ist im Grunde mit Achtsamkeit gemeint: in den gegenwärtigen Moment einzutauchen, zu beobachten, ohne zu bewerten, kraftvoll teilzunehmen, teilzunehmen am SEIN – es so zu akzeptieren, wie es ist. Keine Notwendigkeit, an später zu denken, nicht einmal an den Hunger oder das Abendessen, denn ich habe seit zweiundzwanzig Stunden schon nichts mehr gegessen.

Fazit für mich: Jetzt bin ich noch ein Stück mehr angekommen und ich freue mich auf das Abendessen.

Während ich Richtung Gästehaus und Speisesaal schlendere, überfällt mich der Gedanke, vielleicht gar nichts zu unternehmen und die kommenden Tage ausschließlich hier mit mir und diesem Ort und den Ritualen zu verbringen.

Gleichzeitig schreibe ich mir nun nach dem Abendessen auch schon wieder eine halbe Stunde Wort für Wort und Zeile für Zeile einfach alles von der Seele. Ein erfüllendes und wohliges Gefühl breitet sich in mir aus, während ich einfach alles in meine Hand und den Stift fließen lasse.

Jetzt ertappe ich mich dabei, sogar zu lächeln, weil ich weder weiß, welches Ziel dieses Schreiben hat, noch, ob in den ganzen Zeilen eine Struktur besteht, die ja eigentlich vorhanden sein sollte. Nein, die braucht es nicht, weil ich nicht einmal weiß, ob und wer jemals diese Zeilen lesen wird. Also ist es egal, gleichgültig! Ja, es ist gleich und gültig. Welch eine Entdeckung für mich, der doch Achtsamkeit über so viele Jahre unterrichtet und erklärt hat. Meine Seminare, in denen ich DBT (Dialektisch Behaviorale Therapie) gelehrt, den Teilnehmer/innen den Sinn erklärt, Übungen gemacht, gepredigt und auch in diesen Tagen am Seminarort auf Schloss Bettenburg vorgelebt habe, haben wohl bislang oder in der jüngsten Vergangenheit keine nachhaltigen Wirkungen auf mich selbst gehabt. Jetzt ist die Zeit dafür und ich bin dankbar, einfach nur hier in meiner Ecke des Gästehauses zu sitzen und meinen Gedanken freien Lauf zu lassen.

Begleitet werde ich von einer Tüte Studentenfutter aus dem Klosterladen und einem Glas Spätburgunder. Erstaunlich empfinde ich auch, dass ich zwar die anderen Gäste hier im Flur kommen höre, aber sie sind eher wie „Hintergrundmusik". Ihre Schritte, ihre Stimmen, das Lachen oder aber auch das spirituelle Gespräch berieseln mein Schreiben, ohne dass es mich stört oder ich mir Gedanken dazu mache.

Gedanken mache ich mir jetzt über die Frage, was mein Anliegen hier ist oder besser gesagt/gefragt, wozu das alles hier gut ist. Auszeit, Ruhe ist ja gut und schön. Das habe ich ohnehin bald im Urlaub. Aber der Urlaub, den ich meistens gemacht habe – und das gilt für die meisten Urlauber –, ist wiederum mit Aktivitäten und Plänen verbunden. Selbst wenn es darum geht, was man an diesem Tag machen will oder ob man doch lieber im Hotel oder am Strand bleibt, bedeutet das am Ende, dass es einen Plan geben soll.

Im Moment verspüre ich hier völlige Planlosigkeit – ich bin planlos, welch ein sch... (darf im Kloster vermutlich nicht ausgesprochen werden) Gefühl!

Gerade in diesem Moment kommt ein wirklich altes Ehepaar zurück in das Zimmer, welches direkt vor meiner Schreibecke liegt. Dieses Paar saß beim Abendessen an meinem Tisch. Arm in Arm sind die beiden den langen, kahlen Flur vor mir entgegengegangen, um sich nun auf die Nacht vorzubereiten. Wie lange mögen die beiden bereits zusammen sein? Sie sind sicherlich beide weit über achtzig.

Da ist „es" sofort wieder in meinem Kopf. Wie ein Unwetter bricht es über mich herein. Sturm, Blitz und Donner in meinem Kopf und meinem Herzen. All die Zerstörung, all das Leid, all die Angst, Sorge, Wut, Trauer bricht über mich herein und schreit aus mir heraus.

Das Gedicht, welches irrtümlich Hermann Hesse zugeschrieben wird „Das Leben, das ich selbst gewählt" kommt mir in den Sinn. Zorn, Wut, Hass, Ohnmacht und Verzweiflung der letzten Zeit zeigen ihre Fratzen. Ich kenne sie allzu gut und jetzt wird mir auch wieder klar, warum ich diese Auszeit dringend brauche.

Es sind die tiefen Wunden der vergangenen Monate, die nach wie vor bluten. Es sind die Schmerzen, die mit diesen Erlebnissen verknüpft sind, und es ist der Wunsch meiner Lieben, dass ich für mich sorge. Darum bin ich hier und es ist Zeit für die Heilung.

Was hat also dieses alte Paar in mir ausgelöst? Es ist dieses Bild der Gnade des Alters. Die Freude, gemeinsam alt werden zu dürfen. Es ist dieser Wunsch, ein langes Leben zusammen genießen zu dürfen. In guten wie in schlechten Zeiten, in Gesundheit und Krankheit.

Genau das ist es und genau das wurde in seinen Grundfesten erschüttert. Ein Leben – mein Leben, das außer Kontrolle geraten ist und von heute auf morgen einfach nichts mehr mit dem Glück zu tun haben scheint, das ich mir für mich vorgestellt hatte.

Am Tag, an dem alles begann

Am Tag, als alles begann oder alles anders wurde und nichts mehr war wie es sein sollte.

An einem sonnigen Dienstag im April hatte meine Frau einen Vorsorgetermin bei ihrem Frauenarzt und sie meinte, es wäre doch schön, wenn ich mitkäme und in der Zwischenzeit mit unserem Hund eine Gassi Runde ginge. Anschließend könnten wir in unserem Lieblingscafé auf der Sonnen-terrasse gemeinsam ein spätes Frühstück genießen. Die Idee gefiel mir sehr gut und bis dahin konnte ich mir nicht einmal im Entferntesten vorstellen, wie dieser Tag mein Leben verändern würde.

Wir fuhren also morgens nach Bad Tölz und gingen den Weg vom Parkplatz noch gemeinsam bis zur Praxis. Ein Abschiedskuss und ein „mach's gut" sowie meine Frage, wie lange es wohl dauern würde. Dann trennten sich unsere Wege.

Derweil drehte ich eine ausgiebige Runde mit unserem Hund und wir gingen zur besprochenen Zeit wieder in Richtung Parkplatz, um auf einer Bank in der Frühlingssonne die Menschen und die vorbeifahrenden Autos zu beobachten. Im Nachhinein auffällig war nur, dass unser Hund unbedingt und entgegen seiner Gewohnheiten neben mir auf der Bank sitzen wollte. Normalerweise liegt er an oder auf meinen Füßen. Dieses Bild – ein Basset auf der Parkbank thronend – hat vielen Passanten ein Lächeln aufs Gesicht gezaubert. Irgendwie wollte mir Louis heute ganz besonders nahe sein, als ob er gespürt hätte, dass etwas ganz Neues auf uns zukommen würde.

Diese Veränderungen nehmen Tiere vermutlich viel früher wahr und wir Menschen können solche Zeichen mit der Begrenztheit unseres Verstandes erst dann erkennen, wenn wir vor der Wand stehen.

Unser Hund hatte uns bereits über zwei Monate lang jede Nacht den Schlaf geraubt. Er hatte nachts zwischen zwei und vier Uhr an unserer Schlafzimmertür gekratzt, gewimmert und einfach keine Ruhe gegeben. Zunächst lag ja nahe, dass er mal raus musste. Dies hat er aber verweigert, es ging nicht um sein „Geschäft". Ich war bereits so verzweifelt, dass ich richtig wütend auf ihn war. Dieses Verhalten hielt bis einige Tage nach dem besagten und hier beschriebenen Tag in Bad Tölz an. Dann war er wieder ganz normal. Wir warteten also geduldig auf meine Frau und Louis' Frauchen und es dauerte deutlich länger als besprochen, wobei ich mir dabei nichts gedacht habe, denn bei welchem Arzt kommt man pünktlich zum vereinbarten Termin an die Reihe?

Von Weitem sah ich Marianne dann endlich auf uns zukommen und Louis war hundetypisch aufgeregt und bellte lautstark vor sich hin, als wollte er damit sagen: „Wo warst du so lange?!" Marianne hatte ein Lächeln im Gesicht. Dies war jedoch nicht ihr Lächeln. Dies war nicht mehr die Frau, von der ich mich vor circa neunzig Minuten verabschiedet hatte.

Mein Puls schlug bis in die Schläfen, mein Magen zog sich wie im Vakuum zusammen. Mein Verstand sagte: „Frag, was los ist", und mein Gefühl sagte: „Nein, tu es nicht". Mit jedem Schritt, den sie uns näher kam, wurde meine Angst größer.

Und dann war er da – dieser unsägliche, schreckliche, alles lähmende Satz:

„Ich habe Krebs."

Ein Satz, der nicht einmal ein ganzer Satz ist. Eine Drohung, eine medizinische Atombombe – der Supergau. Sprachlosigkeit, hilfloses Stottern und Stammeln meinerseits und die ohnmächtige Frage an meine Frau: „Und was jetzt?" Ihre Antwort darauf: „Jetzt gehen wir wie geplant schön frühstücken." Das kann es doch nicht sein! Jetzt frühstücken? Jetzt, wo die Welt zusammenbricht?

Diese Apokalypse und die Situation, als der Satz „Ich habe Krebs" fiel, erinnerte mich auf der Fahrt hierher nach St. Ottilien an die Naturgewalt des Unwetters. Alles zerschlagen, Felder, Wiesen, Autos – Scherbenhaufen und gleichzeitig fielen Sonnenstrahlen durch den schwarzen Himmel auf mich und ich erinnerte mich an den Spruch meiner Großmutter: „Und wenn du glaubst, es geht nicht mehr, dann kommt von irgendwo ein Lichtlein her".

Bereits in diesem Moment spürte ich, dass nun Marianne diejenige war, die sich und aber auch mich stark an der Hand gepackt hatte und geradezu trotzig nach vorne blickte. „Jetzt komm schon, wir gehen jetzt frühstücken."

Ich kann gar nicht mehr sagen, ob wir zu Fuß gelaufen sind oder mit dem Auto gefahren sind. Diese Zeitspanne fehlt mir und die Erinnerung setzt erst wieder im Café ein. Just an diesem Tag saß mein Bruder mitsamt Frau, Schwiegereltern und Tochter ebenfalls im Café.

Oh mein Gott, dachte ich mir, und was nun? Marianne hat die Situation durch Normalität gekonnt gemeistert, während ich vermutlich in der ganzen Zeit keine drei Sätze gesprochen habe.

Es ist unvorstellbar, welche Szenarien, Bilder, Sorgen und Ängste das menschliche Gehirn produzieren kann. Jeder Hollywood-Regisseur ist dagegen ein unkreativer Amateur. Keine noch so gut geschriebene Story würde derart detaillierte Schreckensbilder zeichnen, wie dies in meinen Gedanken an jenem Tag der Fall war. Gedanken, die keinerlei Recht auf Existenz hatten und schon gar nicht erwünscht oder willkommen waren. Eindringlinge, hässliche Fratzen, die sich wie Barbaren ausgetobt und breitgemacht hatten. Eine primitive Ansammlung von Parasiten, die alles Lebens- und Liebenswerte zerfraßen.

Irgendwie gelang es mir offenbar doch, das Frühstück zu essen und einen halbwegs alltagstauglichen Eindruck zu hinterlassen. Möglicherweise war es auch ganz gut, dass wir sozusagen Gesellschaft hatten und damit nicht allein der Situation ausgeliefert waren. Das „Thema" kam in Gesellschaft meines Bruders einfach nicht zur Sprache, bis wir uns verabschiedeten und nach Hause fuhren.

Jetzt kamen aber die logischen Fragen, welche einerseits eine gewisse Struktur geben und andererseits neue, weitere Fragen aufwerfen.

Marianne erklärte mir, dass als Erstes ein kurzfristiger Termin zur endgültigen Abklärung beim MRT verabredet worden war. Dieser sollte bereits am übernächsten Tag sein. Erst danach konnte das Strategiegespräch beim Frauenarzt stattfinden.

Die Zeit stand irgendwie still. Über weite Strecken war ich nicht in der Lage zu kommunizieren. Meine Praxistermine, die in den nächsten Tagen mit meinen Klientinnen und Klienten vereinbart waren, sagte ich alle ab.

Ich war nicht mehr in der Lage, klar zu denken. Ich fühlte mich ohnmächtig, hilflos. Mir war der Boden unter den Füßen weggerissen worden. Marianne hielt repetitiv dagegen. Sie versuchte immer wieder, Hoffnung und Zuversicht zu vermitteln. Wo nahm sie nur diese Kraft her? Was war bloß los mit ihr? Warum klappte sie nicht zusammen? Währenddessen führte ich mich auf wie ein Kleinkind, das gerade völlig hilflos und alleine zurückgelassen wurde. Schäm Dich! Du musst stark sein! Du musst deiner Frau zur Seite stehen, ihr helfen, sie stützen. Nein – ich war ein Versager, selbstmitleidig und wütend, gekränkt und zutiefst ängstlich und einsam.

Mir wurde an diesem Tag auch bewusst, dass es nun nicht mehr darum gehen konnte, Pläne zu schmieden. Was jetzt wichtig war, war, mich – oder besser gesagt wir uns – von Tag zu Tag, von Situation zu Situation und von Entscheidung zu Entscheidung zu retten. Ein Zustand, der es einem eigentlich unmöglich macht, auch nur an morgen zu denken, denn von jetzt auf gleich kann alles wieder anders sein.

Es war nun also jener Tag, „übermorgen" – der MRT-Termin in der Radiologie. Morgens brachten wir unseren Louis in die Tagesbetreuung und gingen dann gemeinsam in die Klinik. Hand in Hand, in Gesundheit und in Krankheit, in guten wie in schlechten Zeiten.

Es war mir klar und es war auch so angekündigt worden, dass die Untersuchung beziehungsweise die Vorbereitung lange dauern würde. Der Verstand versteht das, aber das Zeitgefühl sagt etwas ganz anderes.

Dieser ersten Erfahrung des schier unendlichen Wartens bei solchen Terminen sollten im weiteren Verlauf der Erkrankung noch ganz viele folgen.

Es wurde mir auch erst viel später klar, was diese Situationen in mir ausgelöst haben. Es war neben der Wartezeit in erster Linie die Angst und gleichzeitig die Gewissheit, dass man sich um meine Frau kümmert. Alle

Ärzte, Therapeuten, medizinischen Fachkräfte, alle die um Marianne waren, kümmerten sich um sie.

Und plötzlich war da etwas zwischen uns als unzertrennliches Paar. Etwas drängte sich in unsere Ehe. Dieses „Etwas" hat einen schrecklichen Namen. Dieses Etwas heißt „Krebs". Es steht im Fokus und alles dreht sich nun nur noch darum. Die Untersuchung und das Ergebnis waren sozusagen die Geburtsstunde. Nun war es amtlich und auch visuell erkennbar. Der Krebs hatte Gestalt angenommen.

In meinem Inneren breitete sich ein Schrei aus, der so laut war, dass alles andere nicht mehr zu hören war. Warum? Warum meine Frau? Wo ist die Gerechtigkeit? Was habe ich verbrochen?

Reflektion

An dieser Stelle habe ich mir eine Schreibpause erlaubt und bin als Gehmeditation um das Klostergelände herum in den Ort Eresing gegangen. Zunächst an der rot geziegelten Klostermauer entlang führte mich mein Weg dann in ein Waldstück. Am Ende des Waldes stand ein Weizenfeld, der Jahreszeit entsprechend noch grün und geziert mit den wunderschönen roten Farbtupfern der Mohnblumen dazwischen. Der starke Wind ließ die Ähren wie Wellen auf dem Meer erscheinen.

In diesem Moment und angesichts des Himmels, der sich dem hügeligen Getreidefeld direkt anschloss, fiel mir ein Gedicht ein, das Marianne sehr gerne mag. Ein Gedicht von Rilke, welches immer unseren Abschluss am letzten Tag unseres alljährlichen Achtsamkeitsseminars auf Schloss Bettenburg bildet: „Du sanftestes Gesetz".

Mir ist nur ein Teil des Gedichtes im Gedächtnis geblieben und genau dieser Teil fügte sich nun zu dem vorhin beschriebenen inneren Schrei und dem Bild der Landschaft auf meiner Gehmeditation.

„Lass deine Hand am Rand der Himmel ruhn und dulde stumm, was wir dir dunkel tun ..."

Genau darum geht es – dulde stumm, was wir dir dunkel tun. Dieser paradoxe Gedanke – absolut gegensätzlich zu meinem inneren Schrei – dulde stumm, was wir dir dunkel tun.

In meinem Achtsamkeitslehrbuch, das ich verwende, gibt es hierzu auch eine Formel. Diese lautet: radikale Akzeptanz! Es fühlt sich im Moment wie Hohn an. Ich unterrichte und erkläre die radikale Akzeptanz und ich habe diese offenbar selbst noch nicht ausreichend verinnerlicht. Wie sagte doch eine ehemalige Teilnehmerin mal so nett in ihrem Dialekt „'s isch, wie's isch" Tja, was soll ich sagen? Ich hätte in dieser Situation zwar die Werkzeuge gehabt, aber ich konnte sie nicht anwenden.

Strategie nach dem MRT

Nun komme ich wieder zurück auf die Geschehnisse im April letzten Jahres. Wir hatten dann nach dem MRT gleich einen Termin beim Frauenarzt und dieser war sichtlich schockiert von dem Befund. Er hat sich selbst auch Vorwürfe gemacht, weil er die Tumore bei der Vorsorgeuntersuchung einige Wochen zuvor nicht erkannt hatte.

In diesem Gespräch wurden die akuten und ersten Therapieoptionen besprochen. Meine Frau war hier relativ klar in ihren Entscheidungen. Sofortige Amputation, keine Biopsie und keinesfalls eine Chemotherapie. Lieber würde sie am Krebs sterben als an der Chemotherapie. Diese Frage beziehungsweise Aussage ließ ich einfach so stehen und auch der Arzt ging darauf nicht näher ein, weil es primär darum ging, einen Chirurgen zu finden, der ohne das übliche Vorprogramm der Chemotherapie und/oder Strahlentherapie gleich zum Skalpell greifen würde. Wir gingen dann gedanklich alles durch, wägten das Für und Wider ab und dem Frauenarzt fiel währenddessen ein junger Münchner Professor ein, den er auf einem fachärztlichen Vortrag vor einiger Zeit kennengelernt hatte und dessen eher unkonventionelle Einstellung zu der Frage „sofortige Operation" er kannte.

Der Frauenarzt setzte sich sofort telefonisch mit ihm in Verbindung und nach zwei vergeblichen Versuchen gelang der Kontakt, noch während wir in der Praxis saßen. Er schilderte dem Chirurgen den Befund und die Lage und Marianne bekam bereits tags darauf einen Termin in der

Münchner Praxis. Dies war umso erstaunlicher, da er eigentlich überwiegend Privatpatienten behandelt und Leiter einer Klinik in einem noblen Stadtteil Münchens ist. Ob es nun Fügung, Glück oder die Gottes Hand war – es hatte bereits mit den Eilterminen beim MRT alles wie ein Zahnrad ineinander gegriffen und so sollte es auch mit dem Chirurgen sein.

Wir verabschiedeten uns also vom Frauenarzt und er gab Marianne mit, dass nun kein einfacher Weg auf sie warte, dass die Medizin aber schon sehr weit sei. Es bestehe daher Hoffnung.

So war also erneut das nächste Ziel bestimmt: der Arzttermin beim Professor in München. Diesmal sollten wir diesen Weg allerdings nicht alleine bestreiten.

Die zurückliegenden Tage und die Gewissheit der Diagnose lösten in mir das dringende Bedürfnis aus, mit unseren Kindern darüber zu reden. Marianne hingegen wollte das absolut nicht. An diesem Punkt kamen wir auf keinen gemeinsamen Nenner. Glücklicherweise hat sie es aber dann doch zumindest unserer Tochter gesagt und Michaela war sofort da. Es war für sie ganz selbstverständlich, sich freizunehmen, um uns nach München zu chauffieren. Dies sollte sich in mehrfacher Hinsicht als Glück herausstellen. Einerseits war ich emotional total überfordert und damit auch nicht „verkehrstauglich". Andererseits wurden aus dem einen Arzttermin am Ende vier Termine, die uns quer durch die Stadt führten, und da war Michaela auch als Stadtkundige eine große Hilfe.

Der Professor zeigte sich äußerst empathisch, kompetent und auch direkt. Nach einem ausführlichen Aufklärungsgespräch und einer Untersuchung hatte er wegen der Dringlichkeit bereits für die kommende Woche einen OP-Termin frei gemacht.

Dazu war ein Narkosegespräch bei seinem Anästhesisten und ein CT und so weiter notwendig. Diese Termine wurden sogleich organisiert und es begann nun ein langer und anstrengender Lauf gegen die Uhr.

Teilweise hat uns Michaela nur zu den Arztadressen gefahren und uns aussteigen lassen, während sie sich einen Parkplatz gesucht hat, um dort auf unseren Anruf zur Abholung zu warten. Dies war der Tag, an dem wir nicht einmal Zeit hatten nachzudenken, sondern uns ganz dem Geschehen hingaben. Im Nachhinein mag es gut so gewesen sein. Allerdings war auch die Sorge, was passieren würde, wenn wir all die Dynamik in die Tat umsetzten, die um uns herum Gestalt annahm.

Ich weiß nicht mehr genau, wann, aber an einem dieser Tage saßen wir gegen Abend auf unserer Terrasse und Marianne brach plötzlich in Tränen aus. Es hört sich sicherlich schrecklich an, aber das war der Moment, in dem es mir besser ging. Endlich zeigte meine Frau in diesem Drama „Schwäche". Endlich weinte sie und damit konnte ich mir meine „Schwäche" auch erlauben.

Es ist eine unvorstellbare Last für den Partner, zu glauben, stark sein zu müssen, um dem Erkrankten die Unterstützung zu geben, die nötig ist. Noch größer ist aber die eigene Not, einsam und allein mit all dem zu sein. Bloß keine Schwäche zu zeigen, sondern stark, zuversichtlich, stützend zu sein.

Zum damaligen Zeitpunkt hatte ich noch nicht verstanden, was die Wechselwirkung hier war. Plus und minus, weiblich und männlich, stark und schwach und so weiter.

Was ist also „Schwäche"? Die Phasen hatten sich verschoben – nun konnte ich auf die andere Seite wechseln. Jetzt hatte ich die Kraft, meiner Frau Trost und Hoffnung zu geben. Vorher musste ich aber durch das Tal der Tränen, um darin Kraft zu schöpfen. Kraft, die ich jetzt brauchen konnte.

Vor einigen Jahren hatte ich mich bei einem meiner Lehrer und Supervisoren darüber beklagt, dass ich weder eine reale Achterbahnfahrt mochte, noch die emotionalen Berg- und Talfahrten besonders schätzte. Jetzt weiß ich, dass all dies nur „Trockenübungen" für den Ernstfall waren. Wer weiß – möglicherweise ist mein hier beschriebener Ernstfall und mein Leben jetzt auch nur eine Trockenübung für etwas, wovon wir noch keine Vorstellung haben?

In den wenigen verbleibenden Tagen vor der Operation war es mir/uns gelungen, eine gemeinsame Sprache und eine offene Kommunikation nach außen zu finden.

Ebenso waren wir einig darüber geworden, dass ich mit unserem Sohn Stefan Kontakt aufnehmen und ihm die

Nachricht überbringen würde. Da Stefan mit seiner Frau ins Frankenland gezogen war und ich ihm das Ganze nicht am Telefon schildern wollte, haben wir per SMS ein Treffen auf halber Strecke an der Rastanlage in Augsburg verabredet. Das Treffen fand am OP-Tag statt und ich gehe darauf später noch näher ein.

Zunächst ging es darum, meine Frau in die Klinik zu bringen. Einen Tag vor der Operation musste sie einchecken, denn in der Radiologie musste noch mit einem Draht in der rechten Brust ein weiterer diagnostizierter Knoten markiert werden, der im Rahmen der Amputation der linken Brust präventiv entfernt werden musste.

Nun war auch dieser Tag, an dem ich meine Frau in die Klinik fuhr, ein traumhafter Frühsommertag im April. So wie dieser Jahrhundertsommer sich das ganze weitere Jahr über präsentieren sollte. Die kleine Klinik befand sich direkt am Englischen Garten, wunderbar gelegen inmitten blühender Bäume, umgeben vom satten Grün der Blätter und dieser gigantischen Magnolienblüten.

Marianne bekam das Mittelzimmer im ersten Stock zugewiesen, in welchem eine doppelflügelige Balkontür auf einen prunkvollen Balkon führte, der zum Garten hinausging. Es war ein villenartiges Gemäuer aus einer längst vergangenen Zeit mit viel Charme und man hätte sogar fast ins Schwärmen kommen und vergessen können, dass es sich eigentlich um eine Klinik handelte. Das Umfeld war auf alle Fälle positiv und auch das Personal sehr freundlich.

Doch egal wie schwer es auch fiel, ich musste Abschied nehmen. Ich musste meine Frau nun alleine zurücklassen oder anders ausgedrückt: Ich musste allein, ohne meine Frau, nach Hause fahren. Auch an dieser Stelle fällt es mir schwer zu unterscheiden, ob es die Tatsache war, Marianne alleine zu lassen, oder ob es um mein eigenes Alleinsein ging.

Hier im Kloster und in den Tagen zuvor habe ich gespürt, dass die Idee an mein „Alleinsein" mit Unbehagen einhergeht. Es geht mir also weniger um die Angst, Marianne alleine zu lassen, als um meine eigene Angst, mit mir allein zu sein. Auch hier kommt mir ein weiser Spruch eines meiner Philosophielehrer in den Sinn, der uns ein Zitat mitgab: „Mensch bedenke, bei der Geburt bist du alleine und beim Tod bist du alleine. Dazwischen jedoch wirst du immer mit dir alleine sein."

Welch ein Schmarrn, dachte ich mir damals. Heute erkenne ich den philosophischen und auch spirituellen Sinn darin. Genau das ist das Thema, das mich so sehr an meine Grenzen gebracht hatte.

Was war denn das Problem mit dem Alleinsein? Auf der Rückfahrt von der Klinik stellte ich mir vor, wie es wohl sein würde, daheim anzukommen, in dem Wissen, dass niemand da sein und die Seele unseres Hauses in München in der Klinik ihren schwersten Gang antreten würde. Die Ankunft daheim war noch fürchterlicher als in meiner Vorstellung. Diese extrem laute Stille und Leere. Ein unaushaltbarer Zustand.

Gleichzeitig kam immer häufiger die Anklage: „Und wer kümmert sich um mich?!"

In diesen schweren Zeiten hatte ich noch das Glück, mich an meine Mutter wenden zu können. Ihr all meine Sorgen, Ängste und Nöte anzuvertrauen. Und so wie es nur ein liebendes Mutterherz kann, war sie stets da und hätte sich selbst geopfert, nur damit es mir und Marianne gut ging. Dabei hatte meine Mutter auch ihr eigenes Päckchen zu tragen. Ihre aufopfernde Haltung sollte sich in naher Zukunft noch verwirklichen. Dazu aber später.

Jetzt war ich also alleine zu Hause und es war diese Ambivalenz der Sorge um den morgigen OP-Tag und gleichzeitig die große Vorfreude, nach so langer Zeit meinen Sohn wiederzutreffen. So fand ich irgendwie einen Weg in eine unruhige Nacht mit wenig Schlaf. Der Zeitplan für den kommenden Tag war klar und straff: morgens losfahren, zehn Uhr Treffpunkt in Augsburg für circa zwei Stunden und dann zu Marianne in die Klinik.

Die Freude und Aufregung auf die Begegnung mit Stefan, den ich schon so lange nicht mehr gesehen hatte, hatte mich die Angst und Sorge um die Operation für ein paar Stunden vergessen lassen.

Ich kam mit wenigen Minuten Verspätung am vereinbarten Treffpunkt an. Stefan war bereits da und ich sah erstmals einen erwachsenen Mann in ihm. Aus meinem Sohn war ein Mann geworden und die quälende Frage, wie ich ihm diese Hiobsbotschaft schonend beibringen sollte, stellte sich nicht mehr. Wir fielen uns in die Arme, drückten uns eine Ewigkeit und suchten uns dann einen ruhigen Tisch im SB-Café.

Dieses Treffen war bis zu diesem Zeitpunkt vermutlich eines meiner emotionalsten und tränenreichsten Erlebnisse gewesen. Vater und Sohn – zwei erwachsene Männer über Stunden am Heulen und Lachen –, in Freud und Leid wieder vereint. Der Preis dafür war hoch. Wir hatten uns viel zu erzählen, zu verzeihen und zu schenken. Die wenigen Stunden vergingen wie im Flug. Zeit, nicht um Abschied zu nehmen, sondern auf Wiedersehen zu sagen.

Mich drängte es nun zu Marianne und an Stefan spürte ich, er wäre am liebsten mit zu seiner Mutter gekommen.

Was ich vor dem Treffen nicht wusste, war, dass sein Patenonkel ihm bereits vorher ohne unser Wissen die Nachricht mitgeteilt hatte. Zuerst war ich darüber eher „angefressen", aber dann wurde mir klar, der Patenonkel hatte sein Patenamt wörtlich genommen und war an meiner Stelle eingesprungen. Als ich nicht konnte, hatte er für mich gehandelt. Im Nachhinein eine wunderbare Geste.

Reflektion

Ich halte gerade inne beim Schreiben im Kloster. Es ist einundzwanzig Uhr dreißig und ich sitze wieder alleine in einer Sitzecke am Ende des Flurs. Ein langer Gang, nüchtern und kahl. Es ist still geworden, denn ab einundzwanzig Uhr ist Ruhe für alle und ich genieße dieses Geräusch der Stille, ziehe mich ganz in mich zurück.

Mit der Zeit beginne ich, auch dieses Nichtstun wertzuschätzen. Den klaren und doch zwanglosen Tagesablauf hier im Kloster anzunehmen. Morgens raus, um an der zweiten Messe um Viertel vor sieben teilzunehmen. Die erste Messe um halb sechs ist mir dann doch zu ambitioniert. Um acht Uhr Frühstück, zwölf Uhr dreißig Mittagessen, achtzehn Uhr Abendgebet, Viertel vor sieben Abendessen. Alle anderen Vesper und Gottesdienste über den Tag lasse ich aus. Ich will es ja nicht übertreiben.

Die Zeiten dazwischen nutze ich für Kontemplation, Übungen und Eigentherapie in Form von Schreiben. Ich habe mich heute bereits bei der Sorge ertappt, nicht fertig zu werden mit dem Schreiben. Hey, geht's noch?!

Fertig werden mit was? Was soll das?!

Eines kann ich an dieser Stelle schon sagen: Ich habe keinerlei Impuls mehr, etwas mit dem Rad oder dergleichen unternehmen oder überhaupt etwas tun zu müssen.

Es reicht einfach aus, da zu sein, sich dem Rhythmus im Kloster anzupassen, mit niemanden reden zu müssen, und einfach nur alle Gedanken, alle Erlebnisse der jüngsten Vergangenheit hier in diesem Büchlein zu Papier zu bringen.

Zudem stellte sich bereits nach kurzer Zeit ein Gefühl ein, als bewege sich die Zeit langsamer. Der Tag hat Fülle, die wenigen zurückliegenden Tage hier im Kloster wirken wie eine Ewigkeit. Dieses Gefühl ist mir sehr geläufig aus meinen jährlichen Achtsamkeitsseminaren auf Bettenburg und meinen früheren Zeiten im Benediktushof in Holzkirchen.

Heute Morgen zeigt sich St. Ottilien von der sonnigen Seite und der heutige Tag ist dem Hl. Antonius von Padua gewidmet. In der Morgenmesse haben mich einige Sätze zu diesem Hl. Antonius besonders angesprochen. Es geht unter anderem darum, Verlorenes wiederzufinden. Egal ob Physisches, wie zum Beispiel Schlüssel, oder aber Beziehungen zu Menschen, zu Gott oder zu sich selbst – so der Geistliche in seiner Ansprache.

Ich denke, dass es genau um diesen Punkt geht – die Beziehung zu sich selbst, genauer gesagt meine Beziehung zu mir selbst. Es stellt sich die Frage, in welcher Beziehung lebe ich zu und mit mir selbst? Welche Gefühle, welche Wertschätzung bringe ich mir selbst entgegen? Einfacher gesagt: Wie gehe ich mit mir selbst um?

Jetzt, in diesem Moment der Achtsamkeit, fühle ich einen guten Umgang mit mir. Einen sehr präsenten, erfüllten und gegenwärtigen Umgang. Ich fühle mich und beschäftige mich mit mir. Weder gestern noch morgen haben eine große Bedeutung.

Erstaunlich ist für mich auch in dieser achtsamen Präsenz, dass ich die vergangenen Erlebnisse gut abrufen und emotional nochmals durchleben kann, ohne mich jedoch darin zu verlieren. Eigentlich fühlt sich das ähnlich an wie in der EMDR-Traumatherapie. Ein nochmaliges Durchleben, aber in einem anderen, entspannten Bewusstseinszustand.

Nach der Operation

Nun komme ich wieder zurück auf die eigentlichen Ereignisse und den OP-Tag von Marianne. Die Verabschiedung von Stefan hatte in mir das Gefühl der Sorge geweckt, was mich wohl in München erwarten und wie es meiner Frau gehen würde.

Mein Navi hatte mich auf einer mir völlig unbekannten Strecke zur Klinik geführt. Ich war froh, mir keine Gedanken machen zu müssen, wie ich hinkommen würde, denn ich wurde ja geleitet. Eine freundliche, aber bestimmende Stimme sagte mir, wo es langging, wo ich abbiegen musste und sogar, wenn ich zu schnell unterwegs war. Ich musste mir also um meinen Weg keine Sorgen machen.

Wie schön wäre es, wenn ich mir über alles andere inklusive meines Lebensweges keine Sorgen machen müsste. Ich schreibe diesen Satz hier auf und verstehe ihn wörtlich. Ich mache (mir) Sorgen. Ich bin also der Sorgenmacher. Kein anderer als ich macht sich Sorgen. Wer oder was denkt sich diese Sorgen aus? Wer ist es? Mein Ego? Meine Ratio? Mein Unbewusstes? Im Grunde ist es einerlei, denn ich bin es selbst. Ich quäle mich mit Gedanken, die ein künftiges Szenario beschreiben, ohne zu wissen, ob dieses eintreten wird. Na toll! Super Therapeut!

Nun war ich also in der Klinik angekommen und mein Weg führte mich direkt auf die Station und in das Zimmer, in dem ich meine Frau tags zuvor verabschiedet hatte. Ihr Bett, beziehungsweise der Platz, an dem ihr Bett gestand hatte, war leer.

Schon waren sie wieder da, die schrecklichen Fratzen der Angst. Es wird doch alles gut gelaufen sein? Die OP war doch gleich früh morgens angesetzt. Warum ist sie nicht da? Ich suchte gleich nach einer Schwester und diese sagte mir, dass meine Frau noch im Aufwachraum liege, aber bereits aufgewacht sei. Ich solle noch für eine halbe Stunde in die Cafeteria gehen und bis dahin sei sie sicherlich zurück auf ihrem Zimmer.

Das Warten war ich nun ja schon etwas gewohnt und das freundliche Ambiente in diesem Garten machte es relativ leicht. Ich setzte mich auf eine Bank in einem Brunnenrondell, welches direkt gegenüber von Mariannes Balkon war. Ich stellte mir vor, wie es wohl wäre, wenn sie oben aus dem Zimmer treten und mir lächelnd zuwinken würde. So fand ich auch ein schönes Bild, eine Vision, mit der ich meinen ängstlichen Gedanken begegnen konnte. Die halbe Stunde verging somit relativ schnell und ich machte mich wieder auf den Weg zu Mariannes Zimmer. Sie war bereits zurück und es war ein wunderbarer Moment, als sie mich wahrnahm und anlächelte. Dieser Blick und dieses Lächeln waren so ausdrucksstark. Natürlich ist mir bewusst, dass ich in Mariannes Gesicht meine eigenen Gefühle gespiegelt sah. Das war mir aber so was von egal. Es war einfach nur Glück pur. Freude, Liebe und Dankbarkeit. Es brauchte keine Worte – es reichte, nur die Hand zu halten und dem Gefühl Raum und Zeit zu geben. Mir stehen jetzt noch Tränen der Freude in den Augen, wenn ich daran zurückdenke.

Ich berichtete Marianne von meinem Treffen mit Stefan und sagte ihr, dass nun alles gut werde. Es breitete sich eine ganz merkwürdige Ruhe und Zufriedenheit um uns beide aus. Ein ganz besonderer Moment und ich habe keine Ahnung mehr, wie lange er dauerte.

Es ist jetzt, im Augenblick des Schreibens, wie ein Déjà-vu. Ich hänge in diesem Moment fest. Alle Bilder sind da, meine Frau mit den Infusionsflaschen, das übliche „Engelshemd", der Geruch und das Lächeln auf ihrem Gesicht, das sich mit der Müdigkeit und Schläfrigkeit nach der Narkose abwechselte. Wenn sie wach wurde, war es sofort wieder da, als wollte sie mir sagen: „Alles wird gut." Dieses Lächeln ist Marianne.

Reflektion

Hier im Kloster war es Zeit für das Mittagessen geworden. Ein guter Grund, nicht weiter darüber nachzudenken, warum gerade alles beim Schreiben ins Stocken geraten ist, gerade jetzt, wo sich dieses schöne Bild wieder gezeigt hat.

Im Speisesaal der Hausgäste war nur ein Tisch mit drei Gedecken vorbereitet. Nachdem immer auch ein Pater dabei ist, war klar, dass nur noch ich und eine ältere Dame da waren. Diese Frau war bereits in den Tagen zuvor immer da und wie ich heute erfahren habe, besucht sie ihren Sohn, der Ordensbruder ist.

Bei uns Hausgästen war heute Mittag ein relativ junger Pater, vermutlich unter fünfzig, der uns bereits am Tag zuvor mittags begleitet hatte. Ein sehr offener und auch sympathischer Ordensmann. Es entwickelte sich während des Essens (und ich gestehe entgegen allen Regeln der Achtsamkeit) ein unglaublich tiefgründiges, philosophisches Gespräch. Eine Kommunikation des gegenseitigen Teilens, des Gebens und Nehmens, des aktiven Zuhörens und interessierten Fragens. Wir waren so versunken in unseren Dialog, dass wir die Zeit fast vergessen hätten und die Mitarbeiterinnen aus der Küche nur noch auf unser Geschirr warteten, denn alle anderen Speisesäle hatten sich bereits geleert.

Es ging in unserem Austausch über die gemeinsamen Erfahrungen mit Willigis Jäger. Kontemplation, Psychologie,

Pathologie, Lebenskrisen. Ich könnte allein über dieses Gespräch viele Seiten hier beschreiben.

Am Ende hatte ich das Gefühl, dass uns beiden dieser Austausch sehr gut getan hatte. Ich spürte in mir nun eine unglaubliche Kraft und Inspiration, einfach spontan zu sein. Keinen Plan zu haben und auch so zu tun, als hätte der Aufenthalt hier im Kloster keinen Plan und kein Ziel.

Ich ging also auf mein Zimmer und blickte mich kurz um. Da lagen meine Radsachen und obwohl ich mir erst gestern vorgenommen hatte, nicht zu radeln und im Kloster zu bleiben, schnappte ich mir den Rucksack, Handy, Geld, Schlüssel. Gegen alle Vernunft hatte ich Lust, ohne Helm, Radlerhose und das restliche „Profi-Outfit" einfach nur mal kurz loszufahren. Kein Ziel im Kopf, kein Gedanke, irgendwo anzukommen, sondern einfach nur zu schauen, wohin mich mein Fahrradlenker führen würde. Eine ganz neue Erfahrung war das für mich, denn egal wann ich allein oder wir zusammen geradelt sind, musste immer zuerst ein Ziel her. Die Frage, wohin oder wo wir fahren wollten, stand stets am Beginn und war von zentraler Bedeutung.

Ich setzte mich also auf mein Rad und bereits bei der Abfahrt spürte ich, wie erleichternd es sich anfühlte, nicht zu wissen, wohin mich die Reise führen würde. Ziellos, planlos, einfach nur zu tun und zu beobachten, was passieren würde. Was soll ich sagen – ich bemerkte nach wenigen Metern, wie viel ich nun links und rechts des Weges wahrnahm. Schon auf dem Klostergelände erhielt ich einen völlig neuen Blickwinkel auf alles rings um mich herum. Immer wieder zeigte sich dieses kindliche Gefühl in mir, nicht zu wissen, wohin es ging.

Sicherlich schwang in dieser Spontanaktion das inspirierende Gespräch vom Mittag noch mit. Andererseits gewann die Aktivität im „Tun" nochmals eine ganz eigene Dynamik und ich kann sagen, ich habe Lust an dieser Lust bekommen.

So führte mich mein Weg an einen kleinen See, umgeben von Wiesen und kleinen Wäldern. Dann tauchte zwischendurch in der Ferne die Silhouette des Klosterkomplexes auf. In Richtung Osten auf einer Anhöhe war ein Dorf erkennbar und ich radelte geradewegs dorthin. Es war mir gleichgültig, wie das Dorf hieß, es spielte keine Rolle, ob es jetzt Sinn ergab, dort hinzufahren. Es war total egal, ob dieser Ort auf dem Weg lag, denn ich kannte den Weg nicht, weil ich ja kein Ziel hatte.

Meinen Sinnen bot sich ein wahres Schauspiel. Die Gerüche, die sich je nach durchradelter Landschaft veränderten. Mal erdig, moorig und dann wieder würzig, frisch. Mal etwas feucht auf der Haut und dann wieder heiß und trocken. Mal mystisch dunkel und dann wieder grelles Sonnenlicht. Den Boden unter meinen Reifen zu spüren – vom Schotter bis zum Asphalt. Die Stille auf weiter Flur und dann der Lärm in den Ortschaften. Selbst die Gerüche in einer größeren Ortschaft mit Grillgeruch aus einem Garten, Sauerbratenduft aus einer Dorfgaststätte und der unglaublich verlockende Duft der Dorfbäckerei – ein Gedicht. STOP!

Hier möchte ich spontan anhalten. Einen Espresso am Dorfplatz genießen und einfach nur beobachten. Gedacht, getan – ganz einfach, denn ohne Ziel gibt es keinen Plan und ohne Plan keine Eile.

Während ich dies hier niederschreibe und im Schatten des Hinterhofs unseres Klosters sitze, komme ich aus dem Schwärmen nicht mehr raus. Leben satt, Leben pur, ja ganz pur – ohne irgendwas. Einfach so – oder zu einfach so (gedacht)? Wie wäre mein Leben ohne Plan und Ziele? Was würde mich am Leben halten und wie sollte ich mich zum Leben motivieren?

Und schwups, schon bin ich wieder zurück und etwas in mir sagt: „Du wolltest doch die Geschichte weitererzählen, also hör mit der Schwärmerei auf." Na dann, da ist er ja wieder, der Plan.

Zurück im Krankenzimmer

Zurück ins Krankenzimmer am OP-Tag. Irgendwann während ich „Wache hielt", kam dann auch der Professor rein und gab mir ein kurzes Statement zur OP. Er empfahl mir, einfach noch in den nahe gelegenen Englischen Garten zu gehen und etwas spazieren zu gehen, bis meine Frau wieder ganz aus der Narkose wach würde. Diese Erlaubnis nahm ich an, ging geradewegs auf den Monopteros zu und ich setzte mich auf die Stufen, um den Blick über die Münchner Altstadt und die charakteristische Skyline von Rathaus, Alter Peter, Liebfrauen Dom und Theatinerkirche zu genießen.

Unter mir, am Fuße des Hügels, tobte das lässige Leben der jungen Münchner oder vielmehr der studierenden „Zunft" aus der nahe gelegenen Uni. Dann waren da auch die vielen Hundebesitzer, die ihre Vierbeiner und die Künste der Hundeschule vorführten. Oberflächlich betrachtet ein sorgloses Treiben inmitten einer lauten Stadt und gleich nebenan geht es in den Kliniken oft um Leben und Tod.

Irgendwann zog es mich wieder zurück ans Bett meiner Frau. Und so machte ich mich auf den Weg. Marianne war deutlich wacher, aber ich merkte, dass es sie anstrengte, bei mir zu bleiben, um mich zu unterhalten. Ich entschloss mich dann, mit etwas Ruhe den Heimweg anzutreten.

Und da war es wieder – das Dauerthema. Ist es meine Sorge des Verlassens oder mein Gefühl des Verlassenseins? Für mich ergab sich dann ein Ritual vor dem Betreten der Klinik. Es war dieses Mantra: „Es geht nicht um mich, es geht um das Wohl von Marianne." Das half mir dabei, eine gewisse Stabilität auszusenden. Genauso wie es mir eine autosuggestive Zuversicht gab.

Am dritten Tag in der Klinik war der Geburtstag unserer Tochter. Marianne hatte, noch bevor sie in die Klinik gekommen war, ein Geschenk vorbereitet, das ich ihr am Geburtstag mit in die Klinik brachte, damit sie es Michaela dann selbst übergeben konnte. Da Marianne bereits wieder mobil und relativ fit war, saßen wir im Garten der Cafeteria und warteten auf Michaela. Sie hatte ihren täglichen Besuch in der Klinik an diesem Tag bereits für Mittag angekündigt.

Abgehetzt, aber mit leuchtenden Augen stieß sie dann zu uns und es waren wieder sehr emotionale Momente. Ein tiefes Ein- und Abtauchen. Eine Achterbahn von Glück und Traurigkeit und auch Wut. Erst viel später habe ich erfahren, dass Michaela an diesem Tag mit ihrem langjährigen Lebensgefährten Schluss gemacht hatte, der mir als Quasi-Schwiegersohn sehr ans Herz gewachsen war. In dieser Hinsicht war es auch eine Mehrfachbelastung für unsere Tochter.

Aber in diesem Punkt trägt sie meine Gene. Bloß keine Belastung für andere sein und lieber alles mit sich selbst ausmachen.

Nachdem selbst eine so große Operation heutzutage nur noch einen kurzen Klinikaufenthalt begründet, wurde meine

Frau bereits nach fünf Tagen entlassen. Jetzt glaubten – oder hofften – wir, dass alles vorbei sein würde. Bei mir war es ein Mix aus Zweckoptimismus und Verdrängen, denn wir hatten ja bereits vorher von den beteiligten Ärzten gehört, dass nach der OP der weitere Therapieplan besprochen würde. Und es stand ja noch dieser Horrorbegriff Chemotherapie im Raum.

Bei Marianne hatte ich zum Zeitpunkt der Entlassung das Gefühl, dass sie in erster Linie froh war, diesen massiven Eingriff physisch wie auch psychisch gut überstanden zu haben.

Die Ärzte hatten uns auch versichert, dass akut nichts zu entscheiden sei und sich Marianne erst einmal gut von der Operation erholen solle. Das war auch mir ein großes Anliegen.

Entlassung aus der Klinik

An dem Tag, an dem ich Marianne abholte, hatte ich morgens noch den Garten gemäht, damit sie den Duft der frischen Wiese genießen konnte. Ich habe versucht, ihr Ankommen so schön wie möglich zu gestalten. Die Liege im Garten im Schatten des Walnussbaums war vorbereitet. Alles sollte bereit sein, damit eine sofortige Genesung eintreten konnte.

Bis dahin war ich auch schon in sämtlichen Aufgaben und Besorgungen des Haushalts geübt, die ich seit vierzehn Tagen allein übernommen hatte. Es gab meinerseits zu keinem Zeitpunkt auch nur den Ansatz, dies nicht zu tun oder delegieren zu wollen. Allerdings denke ich heute komplett anders darüber. Den gesamten Aufgabenbereich des Partners zusätzlich zum eigenen Beruf zu übernehmen, noch dazu als freiberuflicher Therapeut mit einer Sechs- bis Siebentagewoche – das geht nicht gut! Im Nachhinein ist man(n) immer schlauer oder aus Schaden wird man klug.

Heute weiß ich, dass man sich die Grenzen der eigenen Belastbarkeit bewusst machen muss. Grenzenlose Liebe birgt das Risiko der Selbstaufgabe. Sich Hilfe zu holen, ganz pragmatisch im Haushalt, ist keine Schwäche. Es zeigt nur einen verantwortungs- und liebevollen Umgang mit sich selbst.

Diese Erkenntnis und die Umsetzung gelingen mir erst jetzt, genauer gesagt am Tag meiner Abreise nach St. Ottilien. Da kam erstmals eine Putzhilfe in unser Haus. Es waren somit vierzehn Monate, in denen ich meine Aufgaben als Therapeut, Seminarleiter und Hausmann in Personalunion gestemmt habe. Grenzenlose Verausgabung – nahezu Autoaggression.

Für diese Verweigerungshaltung, mir Hilfe zu holen, gibt und gab es keine rationale, logische Erklärung. Heute denke ich, ich wollte damit Stärke zeigen. Ich wollte meiner Frau zeigen, dass ich stark bin, dass ich belastbar und zuverlässig bin. Du kannst dich auf mich verlassen! Jetzt bildet sich eine zweite Aussage dazu ab. Ein Schrei, der darunter liegt. „Bitte verlass mich nicht!" Und schon bin ich wieder beim Thema ...

Die ersten Tage daheim waren geprägt von langen, teilweise tagelangen Schlafphasen meiner Frau im Garten. Dank dieses einmaligen, warmen und schönen Sommers konnte sie die Zeit im eigenen Garten und der Natur als „Reha" genießen. Das nächste Ziel für uns stand schon sehr lange fest, und zwar bereits vor der Krebsdiagnose. Es war ein mehrtägiger Urlaub Anfang Mai in unserer zweiten Heimat am Gardasee. Diesen Urlaub wollten wir unbedingt wahrnehmen. Wir haben also alles so organisiert, dass auch die Wundversorgung selbst erfolgen konnte. Unser Ziel sollte zu keiner Zeit wackeln. Und es wurde Realität.

Zugegeben fühlte ich mich zwiespältig. Einerseits die Sorge um Mariannes Zustand so kurz nach der Operation, dann die Vorfreude und gleichzeitig wieder die Angst, dass mich meine Gefühle und die Erinnerungen dort überrollen könnten. Aber der langersehnte Tag beziehungsweise Morgen kam und wir fuhren, wie früher auch, vor Sonnenaufgang los, damit wir das Frühstück schon in unserem kleinen Hotel direkt am See einnehmen konnten. Die Freude und Lust haben bei uns beiden unglaubliche Kräfte mobilisiert, diese physische Belastung nach all den Strapazen durchzustehen.

So saßen wir nun auf der Terrasse bei unseren Freunden und es standen uns beiden Freudentränen in den Augen. Das war so einer dieser großen Momente im Leben. Ziel erreicht!

Die Tage in Italien verbrachten wir weitestgehend losgelöst, spontan, mit Genuss an Natur, Essen (im Hotel kocht Mama), wunderbarem Wein, Bummeln und dem Besuch vertrauter Orte. Eine wunderbare Zeit und sehr, sehr intensive Tage mit intensiven Gesprächen.

An dieser Stelle kann ich auch sagen, dass sich unsere Beziehung und die mittlerweile einunddreißigjährige Ehe nochmals auf ganz intensive Weise verändert haben. Selbst die Gespräche haben eine ungeahnte Tiefe erhalten, die wir beide sehr schätzen gelernt haben.

Diese unbeschwerten Tage am Gardasee sollten für einige Monate die letzten sein. Aus dieser Erkenntnis heraus und nachdem wir ohnehin nicht wissen, was sein wird, gibt es keinen Grund, etwas aufzuschieben. Es gibt keinen besseren Moment als JETZT.

Kurzer Exkurs

Heute Morgen in St. Ottilien hatte ich erneut Lust auf eine kleine Genusstour mit dem Fahrrad und ich bin auf Schloss Kaltenberg gelandet. Dort war ich auch noch nie und ich konnte mir ein Bild machen, in welch großen Rahmen und mit wie viel Aufwand alljährlich die weit über die regionalen Grenzen hinaus bekannten Ritterspiele stattfinden. Also wieder spontan entschieden, genossen und zufrieden nun wieder im Klostergarten an einem der Gartentische sitzend.

Kein Mensch ringsum und mit Ausnahme des Vogelgezwitschers und dem Rauschen des Windes in den Blättern eine herrliche Ruhe. Diese Ruhe beginne ich nun, am vierten Tag, auch ganz tief in mir zu genießen.

Abschied vom Gardasee

Aber nun wieder zurück zu den Ereignissen und zum Gardasee. Die Tage waren wie so oft viel zu schnell vergangen und wir mussten die Heimreise antreten. Ein Abschied von unseren Wirten mit dem festen Versprechen auf ein Wiedersehen. Emotionen pur ...

Zu Hause angekommen begann für Marianne und mich jetzt eine Zeit der Berg- und Talfahrten. Wenn ich versuche, diese Situation auf einen Nenner zu bringen, dann war es diese Ratlosigkeit und teilweise das Fallen ins Bodenlose.

Es begann im Grunde damit, dass in der Therapieplanung oder auch der Fokussierung auf einen Arzt keine Struktur für uns erkennbar war. Es sollte laut dem Chirurgen und dem Frauenarzt eine sogenannte Tumorkonferenz beziehungsweise ein Tumorboard stattfinden. Hier sollten die unterschiedlichen medizinischen Fachkompetenzen einen Therapievorschlag erstellen. Dies ließ jedoch auf sich warten. Bei uns hinterließ das die Annahme, dass keine Eile geboten und damit alles im Lot sei.

Das sollte sich jedoch dramatisch ändern. Nach einiger Zeit kam es doch zu einem Aufklärungsgespräch beim Frauenarzt und dabei wurde Marianne sehr eindringlich klargemacht, dass aufgrund der Tumore und der hohen Anzahl von befallenen Lymphknoten sowohl eine Chemotherapie als auch eine Strahlentherapie notwendig seien und dies so rasch als möglich beginnen solle. Da hörten wir einen bereits bekannten Satz sehr deutlich: „Aber entscheiden müssen Sie selbst."

Wie sehr habe ich diesen Satz in den nächsten Monaten verabscheut – „Aber entscheiden müssen Sie selbst." Wie gern hätten wir von einem dieser Götter in Weiß gehört: „Wenn sie dies oder jenes tun, dann garantieren wir die hundertprozentige Heilung." Wenn wir jedoch über die Chancen der Therapie sprachen, bekamen wir stets dieselben oder ähnliche Antworten: „Garantie gibt es keine" und „Jeder Fall ist anders." Auf die Fragen über Nebenwirkungen kamen auch nur vage und allgemeine Aussagen. „Aber entscheiden müssen Sie selbst ..."

Irgendwann veränderte sich bei Marianne etwas und sie sagte zu mir: „Bisher lief alles vom Zeitpunkt der Diagnose über die kurzfristigen Termine beim Professor bis zum OP-Termin so glatt, als wäre alles von oben gelenkt. Wenn ich mich nun dagegen auflehne und die Chemo ablehne, dann fühlt es sich nicht mehr stimmig an, ich würde mich von diesem Vertrauen abwenden".

Dieser Satz löste in mir Erleichterung aus und ich hatte das Gefühl, dass Marianne Ja zum Leben sagte und bereit war, dieser Krankheit mit allen Optionen die Stirn zu bieten.

Ich höre mich heute noch, wie ich ihr erleichtert beipflichten und sie ermuntern wollte, aber sofort hinterherschickte: „Aber darüber entscheiden musst du selbst ..." Ich hätte mich an dieser Stelle vor lauter Verachtung für diese Formulierung selbst ohrfeigen können.

Heute weiß ich, dass die Ärzte und natürlich auch ich, einerseits mit den sich bietenden Optionen helfen und unterstützen wollen. Der Nachsatz, bezeichnenderweise mit einem „Aber" beginnend, zeigt jedoch die Hilflosigkeit desjenigen auf, der zwar helfen möchte, aber sich selbst hilflos fühlt, weil es keine Sicherheit geben kann. Ich gebe also damit die Schuld vorbeugend bereits wieder ab, sollte es nicht funktionieren.

Nun war also klar, dass Marianne einer Chemotherapie zustimmte. So weit, so gut. Die nächste Frage war, wo die Therapie stattfinden sollte. Hier entschied sich meine Frau für eine Münchner Fachklinik. Einerseits, um mit ebenfalls betroffenen Frauen diese Phase durchzustehen, und andererseits mit der laienhaften Idee, in diesem Umfeld die modernste und beste Therapie zu erhalten, da es sich um eine Universitätsklinik handelte. Zudem hatte sie gehört, dass dort die Chemo mit sogenannten „Cool Caps" als Kassenleistung angeboten würde, und mit diesem Kühlverfahren sollten die Haare erhalten bleiben.

Also war erneut eine Entscheidung gefallen und wieder ging es einen Schritt weiter auf diesem Weg.

Reflektion

Soeben komme ich vom Mittagstisch zurück in den Garten. Eine erneut gehaltvolle Mittagspause – nicht nur in Form der Nahrungsaufnahme, sondern sehr gehaltvoll durch ein weiteres tiefgreifendes Gespräch mit demselben Pater vom gestrigen Tag, dessen Ordensnamen ich nun auch herausgefunden habe.

Wir kamen heute auf das Thema Sucht und spezieller auf die Verhaltenssüchte. Es ergab sich so, dass die Frage im Raum stand, was zu einem Suchtverhalten führt. Ich wollte hier nicht meinen professionellen Satz mit „multifaktorieller Genese" raushauen. Es war mir wichtiger zu hören, wie oder was ein spiritueller Fachmann dazu zu sagen hatte. Seinen Erklärungsansatz beschrieb er mit den Erfahrungen der Kontemplation. Zuerst sitzt man da und nimmt natürlich den Körper und alles wahr. Man fokussiert sich sozusagen auf diese Empfindungen. Dies ist zu Beginn vermutlich ein Stück weit auch noch Ablenkung. Ablenkung von der Stille.

Er bot das Bild an, wie es sich anfühlt, auf einen tiefen See hinauszufahren. Auch hier freut man sich, dass der See ruhig unter einem liegt und alles ruhig wird, so wie auch am Beginn eines Retreats oder der Kontemplation. Man ist froh, zur Ruhe zu kommen.

Doch dann erkennt man nach einer gewissen Zeit, dass der ruhige See einen klaren Einblick in die Tiefe oder auch Untiefe offenbart. Und so kommen auch Seelenteile von uns klarer ins Bewusstsein, Gefühle wie Ängste oder Ähnliches, von denen wir uns im Alltag gerne durch unser Verhalten ablenken und betäuben.

Besser kann man es nicht beschreiben und das durfte ich auch hier bisher wieder erleben. In der Stille und der Reduktion auf mich selbst die Tiefen meiner Seele zu erkennen und Teile zu erblicken, die ich mir in der Betäubung des Alltags und des „Machens" und „Funktionierens" nicht ansehen kann. Wer geht denn schon freiwillig und ohne Not dorthin, wo es möglicherweise schmerzhaft wird?

Es lohnt sich auf alle Fälle! Es ist immer wieder wertvoll. Die Erfahrung, ganz tief abzutauchen und in dieser Tiefe Kraft zu schöpfen, ist tatsächlich elementar für meine Entwicklung.

Eingangsuntersuchung für die Chemotherapie

Meine Frau entschied sich also, einen Termin in der Münchner Klinik zu vereinbaren, um sich vorzustellen und auch die Klinik kennenzulernen. Ich begleitete sie natürlich. Der Termin war am Dienstag nach dem Pfingstwochenende und wegen der Ferienzeit war die Ärzteschaft unterbesetzt. Marianne hatte um zehn Uhr einen Termin, wir kamen jedoch am Ende erst um fünfzehn Uhr wieder aus der Klinik raus.

Bereits bei der Ankunft in der Klinik musste ich mich äußerst zusammenreißen, um meine Gefühle und auch mein Entsetzen über den optischen Eindruck zu verbergen. Ein uralter Kasten mit kühler, abweisender Ausstrahlung. Eine Energie, die am ehesten mit dem Begriff einer Krankenanstalt beschrieben werden könnte. In meiner Vorstellung entstanden Bilder, dass sich hinter den hohen, schweren Türen jeweils Krankensäle mit zwanzig Betten befanden. Ein Horrorszenario tat sich in mir auf.

Es blieb nicht nur beim optischen Eindruck. Der erste Weg führte zur Anmeldung. Dort zog man eine Nummer und wurde als Nummer aufgerufen. Dann hieß es, im Wartebereich warten. Nachdem man endlich aufgerufen worden war, wurde man ins nächste Wartezimmer umgesiedelt. Dann folgte erneut Warten inmitten genervter Menschen, ungeduldig, leidend, wütend und teilweise untereinander verbal aggressiv.

Es zog mir den Magen zusammen. Mein Herz raste und immer wieder mahnte meine innere Stimme: „Sag nichts, beruhige dich, es geht nicht um dich." Gleichzeitig fühlte ich Wut gegenüber Marianne und wie sie das alles aushalten und ertragen konnte. Für mich wäre es absolut undenkbar gewesen, hier eine so substanzielle Therapie zu absolvieren. Marianne nahm ich wahr wie das Lamm auf der Opferbank – treu ergeben und passiv devot.

Im Nachhinein war es die Mitarbeiterin in der Verwaltung, die uns als Erstes als Ansprechpartnerin vorgestellt wurde. Sie hatte eine überaus positive, wertschätzende und empathische Art, mit der wir uns sehr wohl fühlten. Sie konnte das Gefühl vermitteln, dass man sich hier gut aufgehoben fühlen könnte.

Nach einer Wartezimmerodyssee und all diesen Eindrücken wurden wir zu einer Onkologin vorgelassen. Sie kam ins Sprechzimmer, völlig kühl, sachlich und mit der Einstiegsfrage an meine Frau: „Und wie stellen Sie sich jetzt die weitere Therapie vor?"

Bei mir brannte eine Sicherung durch, doch bevor ich meinen „Kurzschluss" sicherlich hochemotional und lautstark ausleben konnte, brach ein Konter aus Marianne heraus: „Das weiß ich doch nicht. Darum bin ich doch hier!" Puuh, das hat gesessen.

Die unmittelbar folgende Kommunikation war dann durchaus angespannt und ich erwartete eigentlich, dass Marianne endlich aufstehen und gehen würde.

Die Fachärztin wandte sich dann den schriftlichen Befunden zu und kritisierte, dass die Operation bedauerlicherweise nicht in ihrem Haus erfolgt war und dass es ohnehin ungünstig sei, erst zu operieren, statt mit der Chemo zu beginnen. Dann fuhr sie fort und erklärte den Therapieplan. „Wir beginnen mit zwölf Chemozyklen X, dann folgend vier Chemos Y. Gleichzeitig alle drei Zyklen Antikörpertherapie – oder auch lebenslang. Im Anschluss an die Chemotherapie folgt die Strahlentherapie …"

Da brach Marianne zusammen und während die Ärztin eine Zeitlinie von über zwei Jahren auf ein Blatt Papier malte, war meine Frau nicht mehr da, Sie brach innerlich und in sich zusammen.

Irgendwann bemerkte es auch der weißbekittelte Eisblock gegenüber und fragte völlig entgeistert: „Ja was haben Sie denn gedacht?" Und sie fuhr fort: „Ihr Zustand und der Befund sind äußerst kritisch. Sie haben nun auch schon viel zu viel wertvolle Zeit verstreichen lassen und wir müssen sofort mit der Chemo beginnen."

Diese Kälte, diese sachliche Rhetorik und offenkundige Unfähigkeit, sich auf die Patientin einzulassen, schockierte mich und ich war sprachlos und starr.

Marianne war dennoch in der Lage, einen entscheidenden Satz zu formulieren. „Wenn ich mir so überlege, wie hier mit Patienten umgegangen wird und welch chaotische Verhältnisse hier herrschen, dann ist überhaupt nicht sicher, ob ich hier oder anderswo in Therapie gehe."

Dieser Satz hatte Frau Doktor ganz offensichtlich aus dem Konzept gebracht. Sie versuchte dann, wortreich zu erklären, warum und weshalb. Sie sei den ersten Tag nach dem Urlaub wieder hier und müsse bis spät nachts Überstunden machen und Ärztemangel und bla bla bla. Das interessierte mich nicht! Ich hätte ihr gerne so richtig die Meinung gesagt. Nein, halt dich zurück, gemahnte ich mich.

Marianne sagte dann, dass sie hier und heute keine Entscheidung treffen könne. Sie wolle eine zweite Meinung. Außerdem wolle sie sich jetzt auch zuerst die Räume der Tagesklinik ansehen. Erst dann würde sie über das Ob, Wie und Wo entscheiden.

Die Ärztin entgegnete: „Das ist Ihr gutes Recht", und das Gespräch ging mit dem Hinweis zu Ende, nicht zu lange mit der Entscheidung zu warten.

Der Besuch fand dann dank dieser vorhin erwähnten Verwaltungsmitarbeiterin einen versöhnlichen Abschluss, indem sie uns durch die Tagesklinik führte und alle Fragen bereitwillig beantwortete.

Wir verabschiedeten uns und verließen schnellstens die Gemäuer, zumal uns Michaela, die ihr Büro gegenüber hatte, bereits ungeduldig erwartete.

Und da standen wir nun auf dem Gehsteig. Michaela spürte, dass etwas besonders war, und Marianne brach erneut in Tränen aus. Das war alles so anders als gedacht. Erstens die Zustände in der Klinik, dann der niederschmetternde Befund und auch die Tatsache, dass Marianne mit maximal vier Chemos gerechnet hatte und nun sechzehn Chemos und zwei Jahre Therapie im Raum standen …

Sie fragte: „Was soll ich tun?" Und mir entfuhr dieser „Un-Satz": „Entscheiden musst du selbst."

Ich merkte sehr schnell, dass sich Marianne die grundsätzliche Frage erneut stellte: Soll ich gegebenenfalls an Krebs sterben oder aber an der Chemotherapie?

Kurze Exkursion

An dieser Stelle eine Randnotiz. Ich habe mich heute nach der Mittagspause in eine Art Trance geschrieben. Ich bin fast zwei Stunden ohne Pause abgetaucht in die Erlebnisse und habe diese in die Hand fließen lassen. Das hat auch dazu geführt, dass ich die Gespräche am Nachbartisch zwar gehört, sie aber nicht verfolgt habe.

Es ist tatsächlich wie bei der Hypnosetherapie, dass Raum und Zeit verloren gehen und man in der rechten Hemisphäre des Gehirns auf unbewusster oder emotionaler Ebene tief eintaucht. In Trance schreiben – wieder eine neue Erfahrung und eine Grenzüberschreitung.

Ich habe mich zu einer Tasse Kaffee verabschiedet und eine Dame am Nachbartisch hat sich entschuldigt, dass ich keine Ruhe hatte. Ich entgegnete ihr, dass ich sehr tief in mich gekehrt gewesen sei und das „Außen" keine Rolle gespielt habe. Ein schöner Zustand, den sich auch viele meiner Klienten wünschen.

Beginn der Chemotherapie

Ich weiß bis heute nicht, warum und wann sich Marianne entschieden hat, in diese Klinik zu gehen. Fakt ist, dass sie mit der ganzen Prozedur begann.

Es waren noch Dinge zu organisieren wie die Taxifahrten hin und zurück und die unzähligen Telefonate mit der Krankenkasse. Das bedeutete eine Menge Stunden in der Warteschleife und immer wieder andere Sachbearbeiter am Telefon. Jedes Anliegen musste neu verhandelt werden. Es war teilweise kräftezehrend und entwürdigend, beispielsweise über den Kassenanteil eines Haarersatzes zu verhandeln. Ist Kunsthaar ausreichend oder was ist angemessen? Welche komplementärmedizinischen Maßnahmen werden übernommen und welche nicht. Warum erhalten andere Patientinnen Leistungen, die mir von meiner Kasse vorenthalten werden? Dies alles waren Fragen und Herausforderungen, denen sich Marianne stellen musste.

Wir hatten ohnehin die komfortable Situation, dass wir auf ein überschaubares finanzielles Polster zurückgreifen konnten. Diese Krankheit ist auch finanziell fordernd und es ist eine Schande für Deutschland, dass all diejenigen ohne ausreichende Reserven sich diese Krankheit nicht leisten können. Entwürdigend und eine Schande!

Es kamen nun die ersten Chemotermine und erstaunlicherweise (für mich) ging es meiner Frau damit sehr gut. Sie war zwar am Tag der Chemo sehr müde, aber das war ja kein Problem, denn ihr Liegestuhl im Schatten unseres Gartens war dauerhaft reserviert. Noch heute ist Marianne für diesen außergewöhnlich sonnigen Sommer dankbar. Wie viel anders wäre es gewesen, diesen Prozess bei Regenwetter durchleben zu müssen?

Die Nebenwirkungen hielten sich zunächst zum Glück auch in erträglichen Grenzen, was natürlich für die Compliance sehr hilfreich war. Zwar machten sich die Schleimhäute sowie Polyneuropathie, Schlafbeschwerden und Körperschmerz bemerkbar, aber meine Frau betonte stets, dass alles aushaltbar sei.

Typischerweise fühlte sich Marianne bis kurz vor der nächsten Chemo wieder fit und dann stand eben wieder der nächste Termin an.

Marianne hat vor der Erkrankung und gerade während der Therapie sehr intensiv auf mentaler, spiritueller Ebene mit sich gearbeitet. Ich bin daher fest davon überzeugt, dass dies ein entscheidender Parameter im Heilungsprozess ist. Gleichzeitig ist diese Arbeit vermutlich auch ein Stück der Akzeptanz und damit Verträglichkeit der Chemo gewesen.

Die Onkologin hat später einmal den Satz gesagt: „Chirurgisch und medizinisch hat man alles getan, was möglich ist. Die Einzige, die sich heilen kann, sind Sie selbst. Suchen Sie sich möglichst jemanden, der sie psychoonkologisch begleitet."

Leider zeigte sich hier aber gleich der nächste Notstand unseres Gesundheitssystems. Die wenigen Therapeuten in der Klinik hatten keinerlei Kapazitäten für neue Patientinnen frei. Auch da waren wir nun wieder gewissermaßen durch meinen Beruf und meine Kontakte in die Psychiatrie privilegiert. Mit zwei Telefonaten bekam Marianne einen Therapieplatz bei einer hochgeschätzten Psychoonkologin. Ich formuliere das jetzt hier bewusst als annehmend und ichbezogen. Ich nehme dieses Privileg dankend an und es tut mir leid, dass viele andere Betroffene diese Möglichkeit nicht haben.

Annehmen und Dankbarkeit sowie nichts als selbstverständlich vorauszusetzen. Dies waren auch heute Mittag Themen, über die wir philosophiert haben.

Während der gesamten Chemophase habe ich diese Lektion in Demut und Dankbarkeit erfahren. Planung über den heutigen Tag hinaus war zwecklos. Wir konnten morgens je nach dem Befinden entscheiden, ob oder was wir unternehmen wollten. Ging es ihr gut, haben wir nach Lust und Laune entschieden. Ging es ihr nicht so gut, war uns die Entscheidung abgenommen und wir haben versucht, dem Tag daheim das Beste abzugewinnen.

So verliefen die zwölf Chemozyklen über den ganzen Sommer mit vielen Aufs und Abs des ganzen Spektrums an Emotionen von Freude über Wut bis in alle Untiefen der Seele. Es war jedoch niemals so, dass ich bei Marianne auch nur den Ansatz von Aufgabe oder Hoffnungslosigkeit spürte.

Das war bei mir deutlich anders. Ich ertappte mich immer wieder bei der Vorstellung, was wäre wenn … Was würde mit mir passieren, wenn Marianne ihrem Krebsleiden erlag? Welchen Sinn hätte das Leben dann noch? Was wäre noch lebenswert? Dann kamen wieder die Selbstvorwürfe. Wie kannst du nur so etwas denken? Du gibst sie jetzt schon dem Tod preis! Was bist du denn bloß für ein selbstmitleidiges Arschloch – ja Arschloch!! Wer ist denn hier krank und um wen geht's denn?

STOP! Nicht um wen, sondern um was geht es hier?

Wer kümmert sich um mich?!

Plötzlich fiel es mir wie Schuppen von den Augen. Seit Wochen, seit Monaten drehte sich meine ganze Welt nur noch um Marianne. Nein, es drehte sich alles nur noch um diesen scheiß Krebs. Alle Ärzte, Therapeuten bis hin zum liebenswertesten Taxifahrer – alle kümmern sich nur noch um Marianne und ihre Krankheit. Vierundzwanzig Stunden am Tag, sieben Tage die Woche, Woche für Woche, Monat für Monat.

Und ich?!

Wo bleibe ich?!

Was ist mit mir?!

Wer, verdammt noch mal, kümmert sich um mich?!

Ich fühlte mich beschissen, ohnmächtig, hilflos. Von Tag zu Tag freud- und kraftloser. Keine Lust mehr auf irgendwas und nur noch bemüht, die Pflichten im Haushalt und Job so gut wie möglich zu erfüllen.

Wie viele Stunden habe ich in Tränen und Verzweiflung allein und versteckt verlebt. Wie wenige haben mal kurz nachgefragt: „Und wie geht's dir?" Und dann meist so subtil und beiläufig, dass ich das Gefühl hatte, keiner wollte wirklich hören oder aushalten, wie es mir wirklich ging. Da spielt sich unermessliche End-Täuschung (Ende der Täuschung) als betroffener Partner ab. Wut auf die sogenannten Freunde, die wie vom Erdboden verschluckt sind. Wo sind sie denn alle? Wie sehr sehnte ich mich nach einem spontanen Besuch, einem Anruf, einer Umarmung oder vielleicht auch nach einem miteinander Weinen.

Vergiss es! Alles Egoisten – eine Welt der Ichbezogenheit, für die ich nur noch Verachtung verspürte, während ich in meinen eigenen Zynismus abrutschte. Super Therapeut – kann ich heute mit einem süffisanten Grinsen sagen.

Nichts von alledem ist absolut real. Es ist das Ergebnis der eigenen Verwundung. Es ist diejenige Realität, die eine zutiefst verletzte Seele im Außen als Projektion erfindet und wahrnimmt.

Klar und Fakt ist: Es wurde um uns herum still. Nur der engste Familienkreis war täglich in Kontakt mit uns. Es wurden sogar Kommunikationsregeln vereinbart. Kein Anruf von mir hieß: Es ist alles okay. Ein Anruf hieß entweder gute oder aber weniger gute Nachrichten. Damit wollten wir uns alle gegenseitig vom mehrmaligen täglichen Austausch entlasten.

Aber was war mit den anderen passiert? Diese Antwort erhielten wir zigfach erst später, als Marianne wieder mehr am öffentlichen Leben teilnahm und durchsickerte, dass es ihr relativ gut ging.

Die Antwort lautete fast unisono: „Wir hatten Angst anzurufen."

Meine Gegenfrage lautete dann stets: „Angst vor was?"

Der Grund ist auch in diesem Fall die Ohnmacht oder Hilflosigkeit. Die Angst, keine Antworten oder Lösungen zu haben für diese Krankheit.

Helfen zu wollen, ohne konkret Hilfe leisten zu können. Die Idee, etwas ganz Praktisches tun oder erbringen zu müssen, um zu helfen, hält viele Menschen ganz davon ab, einfach nur füreinander da zu sein, wenn es um eine vermeintlich lebensbedrohliche Situation geht.

Es ist dann bei vielen auch eine Angst, keine oder unpassende Worte zu finden. Gar keine Kommunikation, in die sich Bekannte und Freunde zurückziehen, ist allemal verletzender, als die „falschen" Worte zu finden.

Ich habe dies nun auch für mich in Ordnung gebracht. Ich kann die meisten jetzt verstehen und habe aus anderen Verbindungen in Frieden die Konsequenzen gezogen.

Dafür haben sich alte Kontakte, die über viele Jahre inaktiv waren, auf einem intensiven Niveau reaktiviert. Genauso ergaben sich völlig neue Kontakte, die sich nun stimmig anfühlen.

Ich möchte nicht den Eindruck des Richters über Moral erwecken oder im Nachgang verurteilen. Ich möchte mit diesen Zeilen einfach nur einen Einblick geben, wie sehr ich meine Verletztheit gespürt habe, als keiner da war.

Wenn ich dann ungerecht in der Betrachtung gegenüber diesen Freundschaften oder Bekanntschaften bin, dann liegt natürlich ein Teil der Verantwortung auch bei mir. Ich habe mich in mein Leid und mein Opferdasein zurückgezogen, mich Stück für Stück isoliert und damit auch signalisiert, dass ich allein sein möchte.

Mein Appell an alle, die eine Veränderung in dieser Hinsicht beobachten: Ansprechen!

Derjenige hat immer das Recht, abzulehnen oder Nein zu sagen. Aber es ist zumindest die Brücke geschlagen. Bitte auch berücksichtigen, dass einmal nicht reicht. In einem solchen Ausnahmezustand braucht es mitunter einen mehrmaligen Impuls von außen.

Nun wieder zurück zur Therapiephase.

Endphase der ersten Chemo

Inmitten des ersten Chemozyklus wurde Marianne dann der Wechsel der Substanz auf einen anderen Hersteller ultimativ zur Einverständniserklärung und Unterschrift vorgelegt. Marianne wollte dann erklärt haben, warum und weshalb dies erforderlich sei, zumal per Unterschrift auf die Nebenwirkungen gemäß Aufklärungsbogen hingewiesen wurde, ohne dass dieser aber vorlag. Erst auf Drängen meiner Frau und aus nichtärztlicher Quelle drang durch, dass der Wechsel aus Kostengründen erfolgte.

Es wurde Marianne aber offengestellt, auf Wunsch beim alten Präparat zu bleiben – mit der Bedingung, die Therapie hier in der Klinik zu beenden und anderswo weiterzuführen. Sie hat also zugestimmt.

Ich sehe und höre Marianne noch heute, wie sie an diesem Tag von der Klinik zurückkam. Wieder Zweifel, Wut, Ohnmacht, Unsicherheit, kurzum alles was ein Schwerstkranker nicht braucht.

Und so hat Marianne diesen ersten Zyklus mit zwölf Chemos tapfer überstanden.

In der Zwischenzeit hatte ich einfach mal wieder für Ende Oktober ein Zimmer am Gardasee reserviert. Ich dachte, das Ende der ersten Chemo wäre ein guter Anlass zur Belohnung. Obwohl die Ärzte gleich mit dem nächsten

Zyklus weitermachen wollten, blieb Marianne hartnäckig und bestand auf dieser kurzen Pause.

Es wurden wieder wunderschöne Tage. Unser Wirt wollte die Saison bereits beenden und frühzeitig schließen. Er hatte es mir aber zugesagt und so wurde es ein traumhafter, intimer Abschluss auch für unsere Wirte. Unsere Tochter Michaela kam noch kurz entschlossen per Bahn hinterher und wir konnten ruhige Tage genießen.

Für mich hat der Gardasee eine unbeschreibliche Anziehung. Es ist ein Mix aus Melancholie, Freude, Leichtigkeit und Tiefe. Wie viele Stunden saß ich schon allein auf diesem Steg oder am Ufer, um aufs Wasser zu blicken. Die Wellen in ihrem eigenen Rhythmus zu beobachten. Die stets neuen Stimmungen, Farben und Intensitäten des Sonnenuntergangs aufzusaugen.

Ich bin ohnehin eher der Sonnenuntergangstyp. Diese Lichtstimmungen lösen in mir eine unglaubliche Tiefe und Ruhe der Gefühle aus. Dies ist sicher auch einer der Gründe, warum ich lieber ein Ostuferfan des Gardasees bin. Andere bevorzugen eher das Westufer und kommen in den Genuss der aufgehenden Sonne.

Im Moment höre ich auch die Stimme meiner Mutter. Sie animierte mich/uns ganz intensiv und ungewöhnlich penetrant mit den Worten: „Nimm alles mit, mach alles, was du willst, frag nicht, ob du dir das leisten kannst. Es kommt der Zeitpunkt, wo es vorbei sein kann." Meine Mutter freute sich sogar für und mit uns mit, wenn wir etwas in dieser

Richtung unternahmen, so wie diese kurzen Erholungsphasen in Italien. Heute, acht Monate später, weiß ich, warum sie das sagte. Auch hier später mehr.

Beginn des zweiten Chemozyklus

Nun kam nach unserer Rückkehr die erste der vier Infusionen, die nun alle drei Wochen erfolgen sollten.

Marianne hatte sich mental so vorbereitet, dass diese Behandlungen ähnlich gut verlaufen und keine wesentlich schlechteren Nebenwirkungen hätten haben sollen als die zwölf Infusionen zuvor.

Nur kurze Zeit nachdem meine Frau nach der ersten Infusion daheim war, bekam ich eine Vorstellung, wie sich der Blick auf die Hölle anfühlen mag. Ich möchte die Schilderung bewusst auf mich lenken. Es geht hier ja um meine Empfindungen und das, was ich erlebt habe.

Ich stehe also neben meiner Frau, die von Minute zu Minute immer weiter in sich zusammenfällt. Ich stehe hilflos an der Couch im Wohnzimmer an ihrer Seite, während sie sich vor Schmerz und Übelkeit krümmt. Ich versuche zu trösten, wo es keine Sprache mehr gibt. Ich suche ihre Hand, um sie zu halten, und spüre, diese ist eiskalt. Ich habe Angst, ich habe unvorstellbare Angst. Alles Vertrauen fließt den Bach hinunter. Abgründe tun sich auf, Fratzen grinsen mich an. Oh Gott, wo bist du?!

Der erste Tag – Hölle. Der zweite Tag – Vorhof zur Hölle. Und ab dem dritten Tag langsam wieder Teilnahme am Leben. Appetit und Vitalität kehren zurück.

Marianne sagte dann, sie wisse nicht, ob sie das noch mal durchsteht. Ich habe es miterlebt, ich habe mitgelitten. Ich kann es halbwegs verstehen.

Aber bitte, bitte gib nicht auf – mach weiter und gib dem Leben und der Medizin eine Chance. Das habe ich gedacht, aber niemals ausgesprochen, denn die Entscheidung ... scheiß Satz!

Neue Hoffnung mit Cannabis

Im Herbst kam der neue VHS-Katalog ins Haus und Marianne hatte einen Vortrag über Cannabistherapie von einem Arzt für Schmerzmedizin entdeckt und sich bereits lange vor dieser Chemo zu dem Vortrag angemeldet. Ich selbst habe aus psychiatrischer Sicht ein eher gespaltenes Verhältnis zu derartigen Substanzen.

Aber wie es so ist, habe ich mich zum Thema Onkologie und Cannabinoide etwas unvoreingenommener und intensiver informiert und bin dann anstelle von Marianne zum Vortrag gegangen. Sie war genau einen Tag nach der Horrorchemo nicht in der Lage, am Vortrag teilzunehmen.

Der Vortrag und auch der Verweis darauf, dass durch Cannabis die Nebenwirklungen der Chemo deutlich besser als mithilfe von pharmakologischen Therapien in den Griff zu bekommen seien, hat mir Hoffnung gemacht und ich habe für Marianne gleich noch einen Notfalltermin eine Woche später in dieser Fachklinik erhalten. Wieder ein schicksalhaftes Highlight – dachte ich. Der Termin funktionierte wunderbar. Marianne und ich waren ganz klar voller Erwartung (auf ein Wunder?). Auch das Erstrezept für eine erste Wochendosis in Höhe von knapp € 300,00 habe ich erwartungsvoll selbst bezahlt, weil ja die Therapie erst bei der Kasse beantragt werden musste und wir keine Zeit zu verlieren hatten. Ein Wunder passierte, denn die Krankasse genehmigte innerhalb kürzester Zeit die Therapie, aber dann …

Marianne vertrug die Substanz nicht und rutschte in eine Apathie und depressive Stimmung. Aus, vorbei – all die Hoffnung zerschlagen.

Trotz der einschleichenden und geringen Dosis brachte das CBT hier keine Hoffnung auf Linderung der Nebenwirkungen und die Enttäuschung bei uns beiden war groß. Allerdings war dies zu der Zeit, in der unser gemeinsames jährliches DBT-Seminar (Achtsamkeitsseminar) stattfand, wodurch wir einiges an Enttäuschung abfangen konnten.

Mittlerweile war es bereits November geworden und Marianne wollte vor Weihnachten mit der kompletten Chemo durch sein. Also ein Etappenziel, welches durchaus greifbar erschien.

Die Chemo-Endphase

In der Klinik hatte man meiner Frau nun wegen der extremen Nebenwirkungen auch „Verschnaufpausen" zugestanden.

Waren die Termine der Chemos ursprünglich eher starr, unflexibel und nahezu dogmatisch angeordnet, so kam nun doch der Eindruck auf, dass es Ausnahmen geben konnte und durfte.

Außerdem hatte Marianne stärkere und andere Präventivmedikamente für beziehungsweise gegen die Nebenwirkungen erhalten, die dann unmittelbar nach der zweiten Infusion etwas mehr Wirkung zeigten.

Trotzdem war diese irrsinnige psychische Belastung vor und während der Chemo sowie die sofort nachher einsetzenden physischen Reaktionen ein untrügliches Zeichen, mit welcher Waffengattung der Medizin hier gegen den Todfeind der Zellen gekämpft wurde. In diesem Krieg gab es hohe Verluste auch in den eigenen Reihen. Ich bin ja ein absoluter Antimilitarist, aber in diesem Kontext trifft diese militärische Schilderung den passenden Ton. Mein Problem bei der Betrachtung dieses Krieges ist, dass ich die Kämpfe eher als Stellungskrieg innerhalb der eigenen Reihen wahrnehme. Es ist keine Eroberung oder Landgewinn zu erkennen. Wie motivierend wäre es, wenn kleine Gewinne erkenntlich wären. Wie viel Euphorie wäre möglich, wenn der Einsatz Früchte zeigen würde. Nichts von alledem habe ich in dieser Zeit gehört oder empfunden.

Stattdessen blieben nur das einzige und letztendlich essenzielle Gefühl der Liebe und der immer noch ungebrochene Wunsch nach einem langen Leben und Gesundheit. So versuchte auch ich als Begleiter, weiterhin zu motivieren und dafür zu sorgen, dass es meiner Frau und ihren Kriegern möglichst an nichts fehlte.

Eine Entscheidung stellt alles auf den Kopf

Zu diesem Zeitpunkt hatte Marianne jedoch bereits eine Entscheidung getroffen. Eine ganz eigene und persönliche Entscheidung. Und so paradox es auch klingen mag, so bekam mein „sch… Satz" nun plötzlich eine ganz neue Qualität.

Diese neue Qualität hieß: „Entscheiden musst du, Marianne", und für mich bedeutete das, ihre Entscheidung so zu akzeptieren. Die Entscheidung von Marianne lautete, die Chemotherapie zu diesem Zeitpunkt abzubrechen.

Meine Gedanken dazu: Oh nein, jetzt, so kurz vor dem Ziel. Wieso jetzt, wo doch der schwierigste Weg schon hinter uns liegt? Was ist, wenn genau diese letzte Infusion entscheidend wäre? Was ist, wenn es dann zu einem Rezidiv kommt und wie wird Marianne dann damit fertig? Wie könnte ich sie motivieren, den Zyklus doch noch fertig zu machen?

Viele dieser Gedanken und die damit verbundenen Gefühle – vorrangig die Angst – waren wieder omnipräsent. Doch dann STOP!!!!

Halt's Maul! Was soll denn das? Wer soll denn entscheiden und wer allein hat das Recht dazu?

Wie seltsam ist es doch, wie schnell sich die Aussage eines einzigen Satzes verändert, wenn sich nur die Perspektive dazu verändert. Zuerst forderten die Ärzte und auch ich Marianne immer und immer wieder auf, die Entscheidungen zu treffen. Doch das passte mir offenbar nur, solange diese Entscheidungen mit meiner eigenen Vorstellung konform gingen. Jetzt traf sie eine Entscheidung, die sich nicht mehr mit meinen Wünschen und Hoffnungen deckte, und plötzlich hatte ich ein Problem damit. Was war nun anders? Was war das darunterliegende Problem? Es war die pure und nackte Angst!

Fragen wurden laut, ob sich meine Frau nun aufgegeben und sich gegen den Kampf entschieden hatte. Natürlich war es nichts von alledem, Marianne hatte nur entschieden, dass sie sich und ihrem Körper das alles nicht weiter antun wollte. Es war nun genug und mehr verkraftete der ausgezehrte und malträtierte Organismus nicht. Es war also eine Entscheidung für und nicht gegen das Leben. Diese Erkenntnis wurde mir aber auch erst später bewusst. Erst dann, als die Akzeptanz in mir gereift war und das Gefühl der Angst mich nicht mehr in seinem Würgegriff hatte. In solchen Momenten gilt es, eine Balance zwischen Bewusstsein/Ratio und dem, was unbewusst wabert – Angst – zu erreichen. Kein Schwarz oder Weiß, sondern ein intensives „Grau".

Eigentlich hat mich in der Nachbetrachtung dieser Situation etwas noch tiefer betroffen gemacht als Mariannes Entscheidung an sich. Es war die Tatsache, dass sie die Entscheidung schon länger für sich getroffen hatte. Sie behielt diese aber bis zur finalen Kommunikation gegenüber ihrer Ärztin für sich, aus Sorge, dass ich sie umstimmen könnte. Sie hatte also Bedenken oder vielmehr Angst vor mir und meinen Vorstellungen zur Therapie.

Für mich wurde hierbei einmal mehr deutlich, dass es nicht um den Sachinhalt der Nachricht, sondern im weitaus größeren Umfang um die anderen Ebenen der Botschaft ging.

Diese liegen im nonverbalen und emotionalen Bereich. Das heißt, wann und wie oft auch immer dieser berüchtigte Satz von mir an meine Frau gerichtet wurde, so sandte ich doch die Botschaft aus: „Mach alles, was die Ärzte von dir erwarten. Nur dann überlebst du."

Die letzte Chemo

Der Tag dieser letzten Chemo war gekommen. Marianne hatte es mir also auch nur im Nachhinein erzählt. Zuerst hatte sie sich den Krankenschwestern anvertraut. Diese waren für Marianne ohnehin die Bezugspersonen, die ihr die gesamte Zeit der Chemo über mit Empathie und Wertschätzung begegnet waren. Sie hat sich also offenbart und die Schwestern zeigten ihrer Entscheidung und ihr persönlich gegenüber Verständnis. Mehr möchte ich an dieser Stelle zum Schutz der Klinikschwestern nicht ausführen.

Meine Frau fühlte sich fest entschlossen und auch aufgrund der ersten Reaktion bestärkt, ihr Anliegen der Ärztin vorzutragen. Allerdings „warnten" die Schwestern meine Frau davor, dass dieser Entschluss den Ärzten sicherlich nicht gefallen werde.

Und so kam es auch. Die Begeisterung der Ärzte war verständlicherweise relativ gering, aber sie mussten letztendlich ihre Entscheidung akzeptieren.

Was mir jedoch von Mariannes Schilderung der Situation hängen blieb, war die Frage der Ärztin, wie Marianne im „worst case" damit klarkäme, wenn es später zu einem Rezidiv käme und sie sich dann möglicherweise Vorwürfe machen würde. Das ist und war immer wieder mein Gedanke. Es dürfte dann keinesfalls zu Selbstvorwürfen kommen, denn die Entscheidung war getroffen.

Ich werde niemals die Situation vergessen, wie erleichtert Marianne über ihre Entscheidung und das Gespräch in der Klinik erzählt hat. Wie schwer mag es also für einen Menschen in dieser Situation sein, eine tatsächliche Entscheidung zu treffen, die weder für andere noch für Ärzte und auch nicht für den Partner ist, sondern ausschließlich für einen selbst. Quälende, kräftezehrende Gedanken, die der Gesundung sicher keinen Gefallen tun.

Nun hatte ich damit für meinen Teil eine Aufgabe. Ich musste mich erneut meinen Sorgen und Ängsten stellen und es aushalten, nichts, aber auch gar nichts, daran ändern zu können. Gleichzeitig war es auch ein gutes Gefühl, dass Marianne für sich entschieden hatte. Es hat damals das Gefühl in mir ausgelöst, dass sie aktiv an ihrem Leben mitgestaltet, anstatt sich einfach nur dem Schicksal zu ergeben. Irgendwie fühlte sich das in mir sehr ambivalent an.

In der Zwischenzeit stand auch Weihnachten vor der Tür. Wir entschieden uns, den Heiligen Abend ohne das übliche Protokoll zu verbringen und erstmals auch ohne Baum. Wie entspannt das doch war …

Mit Abschluss der Chemo in der Münchner Klinik stand noch das Abschlussgespräch mit der Ärztin aus. Es war die Ärztin, die beim Aufnahmegespräch so kühl und forsch aufgetreten war, sodass sich Marianne im Vorfeld nochmals auf Konter von ihr in diesem Gespräch eingestellt hatte. Nach damaliger Meinung der Ärztin hätte es weder bei den Chemo-Intervallen noch bei der Abfolge und den Therapieformen Abweichungen vom Plan geben dürfen.

Dieses Gespräch lief nun komplett anders und die Ärztin sagte, dass Marianne schon richtig entschieden habe, die Chemo wegen der Nebenwirkungen abzubrechen.

Diese Hundertachtziggradwendung hat bei Marianne ihr Vertrauen für die folgenden Therapien in dieses Haus komplett zerstört. So entschied sie sich, die anschließende Strahlentherapie in einer anderen Klinik zu machen.

Diese Entscheidung war nun wieder mit meiner ursprünglichen Meinung konform und so konnte ich damit sehr gut umgehen. Für mich blieb die Anteilnahme an Mariannes tiefer menschlicher Enttäuschung gegenüber der behandelnden Ärztin und der Frage, ob all die Quälerei tatsächlich notwendig gewesen war, wenn am Ende die Entscheidung des Abbruchs genauso in Ordnung war.

Reflektion

An dieser Stelle der Schilderung richte ich letztmalig den Blick auf meine Tage in St. Ottilien. Es ist an der Zeit, von dort Abschied zu nehmen. Abschied von einem Ort der Ruhe, der mir unglaubliche Tiefeneinblicke in die zurückliegenden Monate und mein Innerstes eröffnet hat. Ein Ort mit Menschen wie „meinem" Gästepater und den tiefgründigen Gesprächen.

Ich erlebte den letzten Abend im Kreise dreier Hausgäste, die Stammgäste aus der Schweiz waren, in einer besonders angenehmen Weise.

Entgegen meiner ursprünglichen Planung, mit der S-Bahn die Heimreise anzutreten, habe ich mich spontan für die Rückreise per Fahrrad entschieden. Die Wetterprognose für diesen Samstag ist zumindest bis mittags gut und das bestärkt mich in meinem Vorhaben. Für die Rückfahrt will ich allerdings eine andere Route nehmen, entlang der diversen Seen des Würmtals in Richtung Kloster Schäftlarn, und eher nach der Himmelsrichtung fahren und das Navigationssystem nicht zu nutzen.

Der nächste Morgen begann sehr windig und eher stürmisch. Ich entschied mich daher, am morgendlichen Gottesdienst teilzunehmen und anschließend gleich zu frühstücken, damit ich auch zeitnah losradeln konnte. Die Schlechtwetterfront schien früher als vorhergesagt aufzuziehen.

Der Abschied fiel dann auch verhältnismäßig unspektakulär und nüchtern aus. Ich habe die wenigen Dinge in meinen Rucksack gepackt, das Rad fertig gemacht, den Schlüssel abgegeben und bin am Hauseingang nochmals dem Gästepater begegnet, der mir einen guten Heimweg wünschte.

So radelte ich nun gestärkt, motiviert und voller Freude Richtung Südosten los. Obwohl ich keinen Plan oder Zeitdruck hatte, saß ich wie in einer Art Trance auf dem Rad. Ganz in mich gekehrt und doch mit allen Sinnen offen und empfänglich für Bilder der Landschaften und die Gerüche der Felder und Wälder im Wechsel mit den Abgasen entlang der Autostraßen. Aber auch für die diversen Geräusche, Vogelstimmen, Stimmen der Menschen und das Zirpen der Grillen. Alles war irgendwie intensiver. Es war eine Veränderung der Intensität in erstaunlicher Weise.

Die Fahrt habe ich unglaublich genossen, mit Ausnahme des Gewichtes von meinem Rucksack auf den Schultern. Gelegentlich kam mir der Gedanke, dass ich eine Last mitschleppte, die ich glaubte, im Kloster abgelegt zu haben. Dann dachte ich, dass man in alles irgendetwas hineininterpretieren kann, und so war es halt nur das Gewicht im Rucksack.

Mit nur einer kurzen Pause bin ich mittags wieder zu Hause angekommen und es war so, als käme ich gerade aus einer anderen Welt. Die Realität und der Alltag hatten für mich zunächst etwas Abstoßendes. Ich brauchte Zeit, um wieder ganz anzukommen.

Jetzt, während des Schreibens, merke ich auch, dass ich aus der Schilderung und der gefühlten Verbindung zu dieser Auszeit wieder in die Realität zurückkehren und damit mit der Erzählung der weiteren Ereignisse fortfahren sollte.

Was bleibt, ist die Erinnerung an wunderbare Tage in St. Ottilien …

Supergau Rezidiv

Mittlerweile schreibe ich während unseres Urlaubs auf der Insel Rhodos weiter an diesem Buch. Mir war es ein Anliegen, den Faden nicht zu verlieren und weiterzuschreiben. Zu Hause gelingt es mir leider nicht, mich aus dem Alltag rauszunehmen und dies hier für mich selbst zu tun. Was würde ich da meinen Klienten wohl entgegnen?

Zurück also zur Agenda „Krebs".

Für Marianne stand nun die Eingangsuntersuchung in der neuen Klinik an, in der sie sich zur Strahlentherapie angemeldet hatte. Wovon ich zu diesem Zeitpunkt (wieder einmal) nichts wusste, waren Mariannes „Missempfindungen" im Bereich des Operationsfeldes. Sie hatte offenbar irgendwie das Gefühl, dass da etwas merkwürdig und anders sei. Dies hatte sie auch bereits den Ärzten bei der letzten Chemo so gesagt. Diese waren jedoch nicht näher darauf eingegangen und hatten es auch nicht untersucht.

Bei der Eingangsuntersuchung hat meine Frau darauf hingewiesen und die Strahlenärztin hat sie daraufhin sofort zum CT und MRT überwiesen.

Nun wurde das Realität, was ich in keiner Weise und niemals hören wollte: Ein Rezidiv!

Während und trotz der quälenden Therapien hatten sich erneut vier Tumore im Bereich des OP-Feldes gebildet. Horror pur!

Jetzt brachen die Erde und der Himmel von dem einen auf den anderen Moment über mir zusammen.

Was soll dieser ganze Scheiß hier auf dieser Welt?!

Ich soll dieses Leben selbst gewählt haben? Nie und nimmer!

So, jetzt reicht's endgültig. Ich kann nicht mehr und ich weigere mich, das, was kommt, erneut zu durchleben. Die wildesten Gedanken wechseln sich ab.

Exkurs

Ich habe in dieser Zeit die Erfahrung gemacht, wie (selbst-)zerstörerisch mein verletztes Ego um sich schlagen kann. Die Gedanken gingen bis hin zur Idee, dem eigenen Leid und damit diesem Leben ein Ende zu setzen. Das alles hatte doch keinen Sinn mehr und war nur noch Seelenschmerz.

Heute, hier und jetzt beim Schreiben, gibt es einen Teil von mir, der in diesen Erlebnissen durchaus erkennen kann, dass wohl all dies einen Sinn hat, den wir zum Zeitpunkt des Erlebens nicht erkennen, aber mit etwas Abstand und dem Erkenntnisprozess erlernen. Dies ist einerseits beruhigend und andererseits auch „grausam", weil die Prüfungen nicht einfacher, sondern von Lektion zu Lektion schwerer, oder anders gesagt, herausfordernder wurden.

Denn genau während und parallel zu dieser Rezidiv-Phase bei meiner Frau, bekam ich eine weitere, äußerst einschneidende Aufgabe gestellt. Heute, sechs Monate später, kann ich sagen, dass mir dieser schwere Schicksalsschlag dabei half, mich von meinem „Selbstdrama" abzulenken, um mich dem Verlust meiner Mutter zuzuwenden.

Weihnachten mit Drama

Vor einigen Jahren hatte ich für unsere Familie ein Vorweihnachtsritual eingeführt. Für den 22. oder 23. Dezember besorgte ich uns Konzertkarten für die Philharmonie in München. Der Besuch dieser Konzerte setzte einen bewussten Schlusspunkt der hektischen Zeit vor Weihnachten. Nach dem Konzert hatte ich immer ein schönes Abendessen in einem Restaurant bestellt und erst dann konnte es Weihnachten bei uns werden.

Dies ist uns in den letzten Jahren irgendwie verloren gegangen und ich schenkte uns schon im Herbst quasi im Vorgriff für den 23.12. Karten für das Weihnachtsoratorium von Bach. Zudem spielte eine ehemalige Seminarteilnehmerin bei diesem Konzert im Orchester und so war die Vorfreude besonders groß. Marianne hatte auch noch eine gute Freundin zu diesem frühabendlichen Konzert eingeladen und es sollte ein festlicher, unbeschwerter Abend werden – dachte ich. Hierbei fällt mir der Spruch wieder ein: „Als Gott von meinen Plänen hörte, lachte er schallend."

Ich weiß bis heute nicht, warum ich zum Konzert mein Handy mitgenommen habe und dann in der Pause einen Blick drauf warf. Wie sorglos wäre der Abend verlaufen, hätte ich dieses kleine Ding einfach daheim oder im Auto gelassen. Nein, habe ich nicht und so las ich, dass mir mein Bruder eine Nachricht geschickt hatte. Ich dachte mir noch, dass er dieses Jahr besonders früh mit den Weihnachtsgrüßen dran sei.

Ich öffnete also die Nachricht und wieder blieb die Welt für einen Moment stehen. „Mama wurde soeben vom Notarzt in die Klinik eingeliefert. Wir wissen noch nichts. Melde mich später."

Meine Mutter war fünfundsiebzig Jahre und im Grunde für ihr Alter gesund. Diese Nachricht traf mich wie ein Blitzschlag.

Der zweite Teil des Konzerts nach dieser Nachricht ist für mich wie ausgelöscht.

Ein fürchterliches Gewitter tobte in meinem Kopf. Es sollte doch ein langersehnter, sorgloser Abend werden und nun das auch noch! Was sollte nun aus meinem leicht dementen Vater werden, den meine Mutter versorgte? Was war denn mit Mutter los, dass sie kurz vor Heiligabend in die Klinik musste? Freiwillig und ohne Not würde sie dies nie tun. Eine Nachricht also, die erneut und heftigst an meinen Grundfesten rüttelte und mich an der Wurzel meines Lebens sprichwörtlich prüfen sollte.

Völlig surreal vermischten sich diese Gedanken und Gefühle mit dem fulminanten Chorgesang auf der Bühne und dem Text des Oratoriums „Jauchzet, frohlocket …"

Zynischer kann doch das Leben nicht sein? „Jauchzet, frohlocket …" Meine Frau schwerst erkrankt und nun meine Mutter per Notfall in der Klinik – Jauchzet, frohlocket …!

In diesem Moment – jetzt beim Schreiben – merke ich, wie schwer es mir fällt, diese Stunden und auch das, was danach geschah, rein kognitiv abzurufen. Es scheint tatsächlich so zu sein, dass ich hierzu (noch) keinen kompletten Zugang habe. Diesen Zustand erkläre ich meinen Seminarteilnehmern mit „amnestischen Lücken" oder in der Trauma-Sprache auch in Form von „spacing out" von Seelenanteilen. Belastende Ereignisse werden von der Psyche ausgeblendet, damit sie erträglich bleiben.

Ich weiß, dass ich sofort nach dem Konzert noch im Auto meinen Bruder anrief. Er erzählte mir, dass meine Mutter schon tags zuvor über Atemnot geklagt hatte und ihr Zustand so kritisch geworden war, dass es zum Notarzt keine Alternative mehr gegeben hatte.

Die Nacht auf den 24.12.18 war eine dieser Nächte, die nie enden wollen. Nachdem mein Bruder gesagt hatte, dass meine Schwester sich in der Klinik um Mutter kümmere, hatten wir uns für ein Update am 24.12. verabredet. Am Heiligen Abend rief mich dann meine Mutter an und weil ich unterwegs war, hinterließ sie uns eine Nachricht auf unserem Anrufbeantworter mit ihrer Telefonnummer in der Klinik, unter der wir sie Tag und Nacht erreichen könnten. In diesen Tagen kam mir immer wieder der Satz meiner Mutter in den Sinn, als sie von Mariannes Diagnose erfuhr. Sie würde lieber ihr eigenes Leben geben, wenn dafür Marianne gesund würde. Nun fragte ich mich natürlich, inwieweit solche Worte Realität werden konnten. Egal aus welchen religiösen oder auch philosophischen und/oder spirituellen Ecken heißt es immer: Achte auf deine Gedanken und Worte. In der Bibel heißt es: „Am Anfang war das Wort ..."

Die Nachricht meiner Mutter auf dem Anrufbeantworter konnte ich übrigens erst am Tag unserer Abreise hierher nach Rhodos löschen. Bis dahin hielt ich die Stimme meiner Mutter noch lebendig, obgleich es mir unmöglich war, die Nachricht noch mal ganz anzuhören. Zu viele Erinnerungen wurden damit wach und so drückte ich auf die Löschen-Taste. Die Zeit war reif dafür.

Nun aber wieder zu den Ereignissen von damals zurück.

Ich rief meine Mutter natürlich gleich zurück, um zu erfahren, wie es ihr ging und was los war. Das Sprechen fiel ihr äußerst schwer, weil sie kaum Luft bekam. Sie sagte jedoch, dass es ihr mit Ausnahme der Atemnot ansonsten gut ginge. Bei den Untersuchungen zeigte sich eine große Menge Wasser im Bauchraum. Dieses würde den Oberbauch und die Lunge beengen, wodurch die Atemnot begründet sei. Bei einer weiteren Untersuchung durch die Gynäkologen habe sich eine sehr große Zyste am Eierstock gezeigt. Diese wolle man nach den Feiertagen operativ entfernen. Man wolle bewusst auf die Rückkehr des Chefarztes für diesen großen Eingriff warten.

Meine Mutter hatte sich erstaunlich gelassen mit diesem Befund und den Umständen abgefunden. Sie verbot uns sogar, am Heiligen Abend in die Klinik zu kommen, und ich sollte diesen Abend mit Marianne in aller Ruhe verbringen. Diesem Wunsch wollte ich dann auch nicht widersprechen.

Da wir mit meiner Schwiegermutter und unseren Schwagern für den ersten Weihnachtstag ohnehin zufällig unweit der

Klinik einen Tisch für unser Weihnachtsessen reserviert hatten, kündigte ich meiner Mutter unseren Besuch in der Klinik für den Weihnachtstag an. So verbrachten wir also den Heiligen Abend und den Morgen des Weihnachtstages gefühlt in einer „Hab-Acht-Stimmung". Meine Gedanken waren fast ausschließlich bei meiner Mutter und was mich erwarten würde.

Nach dem Weihnachtsessen fuhren wir also zur Klinik. Marianne vertrat sich während unseres Besuchs mit unserem Hund die Beine und das war auch ganz in Ordnung, denn sie hatte sicherlich die Nase voll vom Klinikgeruch. Meine Tochter Michaela und ich stapften also in Richtung der Station und des Krankenzimmers meiner Mutter. Mein Magen fühle sich flau an, obwohl er gerade gut gefüllt war.

Ich sehe noch heute meine Mutter allein in diesem Dreibettzimmer. Ihr Bett stand direkt am Fenster. Freudestrahlend, mit leuchtenden Augen und einem selbstironischen Spruch, den ich jetzt aber nicht mehr abrufen kann, begrüßte sie uns. Sie erzählte uns, wie schlecht es ihr in den letzten Tagen gegangen war, und auf meinen Vorwurf, warum sie nichts gesagt hätte, entgegnete sie in ihrer typischen Art: „Oh mei, ihr habt's doch ganz andere Sorgen ..."

Sie erzählte uns auch, dass die Operation für den 27.12. eingeplant sei und dass sie froh sei, dass sich mein Bruder und meine Schwägerin nun so gut um Papa kümmerten, weil es für ihn doch so schwer sei, wenn sie in der Klinik sei und nicht bei ihm daheim. Es war ja stets der gemeinsame Plan unserer Eltern gewesen, dass Mama niemals etwas passieren durfte, damit unser Vater immer versorgt wäre. Der Mensch denkt und Gott lenkt ...

Da meiner Mutter das Sprechen hörbar schwerfiel, verabschiedeten wir uns wieder mit den Worten: „Bis bald und bleib brav ...“

Dass dies die allerletzten Worte waren, die sie von mir zu hören bekam, hängt mir bis zu diesem Moment nach.

Reflektion

Ich sitze hier an diesem wunderschönen Urlaubsort auf einem Liegestuhl im Spa-Bereich und bin glücklicherweise alleine mit meiner Frau. Meine Emotionen kann ich nicht länger unterdrücken und die Tränen fließen wie ein Platzregen.

Bis bald und bleib brav – ein kurzer Blick von der Zimmertür zurück auf ein zufriedenes und möglicherweise „wissendes" Muttergesicht. Als ob sie mir noch zurufen wollte – alles ist gut.

Im Moment muss ich meinen Stift erneut weglegen, um die nächste Welle der Trauer und auch der Wut abzureiten, die mich überkommt.

Mein Blick richtet sich auf Marianne, die mittlerweile im Pool schwimmt und gerade unter dem Wasserfall spielt, der in den Pool fällt. Ihr Gesicht leuchtet so kindlich naiv und voller Freude. Ganz in dem Moment versunken scheint es für sie nur sich und das Wasserspiel zu geben.

Diese leichtfüßige, naive oder auch kindliche, sorglose Heiterkeit hat mir Marianne in den vergangenen Monaten immer wieder gezeigt. Es war gerade so, als wolle sie mir dadurch sagen: „Lass die Sorgen sein, denn es bringt nichts." Marianne setzte stets noch einen drauf mit ihrem Leitsatz: „Gestorben wird am letzten Tag."

Es ist offenbar so, dass wir Menschen erst am Abgrund stehen müssen, damit wir unser Leben bewusster führen. Dieses Lächeln meiner Frau und die „Verschnaufpause", die ich mir dadurch jetzt emotional geschaffen habe, erlauben es mir, an der Chronologie von damals weiterzuschreiben.

Der Tod meiner Mutter

Der Weihnachtstag und der zweite Feiertag vergingen und Mariannes Krankheit hatte gefühlt für mich quasi Urlaub. Es kam nun der 27.12., an dem die OP angesetzt war. Allerdings gab es von meiner Mutter relativ früh morgens an meine Schwester Entwarnung, denn der Chefarzt wollte nicht am ersten Tag und ohne ausreichende Vorbereitungen eine so große Operation durchführen. Der Termin wurde also auf den 28.12. verlegt.

Meine Schwester war dann am Nachmittag des Operationstages in der Klinik und sie berichtete mir abends, dass es unserer Mutter sehr gut ginge. Die Operation war zwar schwierig – die Zyste war sehr groß und wog rund neun Kilogramm –, aber meine Mutter wurde bereits auf der Intensivstation mobilisiert. Für uns alle waren das natürlich gute Nachrichten. Voller Freude hatten wir verabredet, dass ich am nächsten Tag nachmittags meine Mutter besuchen würde. Die Welt schien wieder rundzulaufen. Am Folgetag telefonierte ich dann mittags mit meiner Schwester und sie berichtete, dass es Mutter nicht so gut gehe. Sie sei müde, schläfrig und auch kraftlos. Das hatten wir dem postoperativen Zustand zugeschrieben. Nach längerem Überlegen und Abwägen waren wir so verblieben, dass ich doch nicht zu Mutter fahren und sie sich sozusagen erst erholen lassen würde.

Am Abend des 29.12. kam dann der Notruf meines Bruders, wir sollen sofort in die Klinik kommen, weil die Ärzte seit fünfundvierzig Minuten unsere Mutter reanimierten.

Marianne wollte mich noch zurückhalten, damit ich in diesem Zustand nicht selbst Auto fuhr, aber das kam nicht mehr bei mir an. Ich war wie im Autopilotmodus. Winterjacke übergeworfen, Schuhe an, Garage auf, Auto mit Schwung raus und ab auf den Weg. Tempo egal … Gebete, Fluch, Wut, Angst, Hass, Hoffnung – alles ununterbrochen lauthals rausschreiend. Mama warte auf mich – ich bin gleich bei dir! Geh bitte nicht, warte auf mich!!!!

Es war nun schon circa einundzwanzig Uhr dreißig und ich stellte mein Auto irgendwo am Klinikeingang auf einem Behindertenparkplatz ab. Auch egal! Alles egal! Der Haupteingang zur Klinik war bereits geschlossen und der Zugang war nur noch über die Notaufnahme möglich. Ich rannte wie um mein Leben an der Notaufnahme vorbei, durch die leeren Treppenhäuser und Gänge zur Intensivstation. Dort musste man klingeln und über die Gegensprechanlage stammelte ich meinen Namen und ohne weitere Rückfrage öffnete sich die Tür. Es war noch keines meiner Geschwister da. Man bot mir einen Platz in einem Wartebereich an und sagte, dass der diensthabende Arzt mit uns sprechen wolle, sobald wir alle da seien.

Gespenstische Szenen. Nacht, Intensivstation, das Piepsen der Geräte aus den Räumen, das Zischen der Beatmungsgeräte und das was sonst noch so hörbar war …

Keine klaren Worte, mitleidige Blicke der Pflegerinnen und Pfleger. Diese Blicke sagten viel mehr als Worte. Man bot mir Wasser oder Tee an, aber ich wollte nur eines – zu meiner Mutter. Innerhalb kürzester Zeit fanden sich meine

Geschwister und auch einige meiner Nichten und Neffen ein. Plötzlich stand auch meine Tochter neben mir. Marianne hatte sie verständigt.

Dann kam endlich der Arzt zu uns und schilderte uns in einer sehr ruhigen und mitfühlenden Art und Weise zunächst den Verlauf der Operation und der unmittelbaren Erholung unserer Mutter. Dann ging er auf die dramatischen Ereignisse des Tages und der letzten beiden Stunden ein.

Er erzählte uns, dass plötzlich eine unerklärliche Verschlechterung der Funktionen eingesetzt habe und Ärzte und Pfleger dann dabeigestanden hätten, als Atmung und Herz ausgesetzt hatten. Man hatte sofort begonnen zu reanimieren und dies fünfundvierzig Minuten lang getan. Man hat meine Mutter anschließend im Koma belassen und sie wurde künstlich am Leben gehalten. Die Maschinen hielten sie also in einem künstlichen Zustand, den man beim besten Willen nicht mehr als Leben beschreiben konnte. Diesen Zustand hätte unsere Mutter niemals gewollt. Sie hatte dies per Patientenverfügung und Vorsorgevollmacht schon lange vorher geregelt und noch explizit vor der Operation per Unterschrift erneuert. Dies alles lag der Klinik vor.

Wir alle waren von den Ereignissen und der Dramatik überrollt. Dennoch war unsere Frage, ob unsere Mutter wieder aufwachen würde. Der Arzt konnte diese Frage nicht beantworten. Entscheidend sei, ob sie die Krise der Nacht überstehe. Er führte weiter aus, dass absolut unklar sei, welche Schäden im Gehirn nach dieser langen Reanimation beziehungsweise Unterversorgung des Gehirns bleiben würden. Eine Horrorvorstellung baute sich in meinen Gedanken auf. Die Situation und die Stimmung begannen sich zu verändern. Es schlich sich eine Energie der Wut ein. Meine Nichte, die in einer Klinik als Intensivpflegerin arbeitet, brachte es auf den Punkt. „Das wollte Oma so niemals! Warum haben Sie trotz Patientenvollmacht reanimiert?!", entfuhr es ihr und damit sprach sie aus, was wir anderen nur dachten.

Wir standen immer noch fassungslos im Wartebereich. Der Arzt hat uns wirklich alle Zeit gegeben und gelassen. Am Ende sagte er aber auch, dass wir uns im schlimmsten Fall darauf einstellen müssten, morgen die Geräte abzuschalten, also dass wir Mutters Wunsch umzusetzen hätten. Wir sollten also morgen unsere Mutter töten?! Stille …

Welch eine Last, die den nächsten Angehörigen hier aufgeladen wurde.

Der Arzt fragte nun, ob wir bereit seien, zu unserer Mutter zu gehen. So folgten wir alle ihm in das Zimmer, das nur durch eine offene Schiebetür vom Gang abgetrennt war. Ein weiterer Patient lag in einem Bett neben unserer Mutter, das mit einer mobilen Trennwand abgeschirmt war. Jeder Film kann nur ansatzweise dieses Bild wiedergeben. Die Geräusche der zahllosen Geräte, Lämpchen, die blinken, Monitore, die piepsen und rauschen, der Geruch und fast schon nebensächlich und dennoch mittendrin, ein Stück Fleisch und Blut, ein Lebewesen, ein Mensch, der Mensch, der mir das Leben geschenkt hat – meine Mutter.

Die Haare matt, das kaum sichtbare Gesicht grau und blutleer. Die Schläuche und Kabel bedeckten das wenige Sichtbare. Das Beatmungsgerät gab den Takt vor. Jedes Klicken und Zischen hob den Brustkorb meiner Mutter. Nein, nicht sie war es, die lebte, es waren die Geräte, die für sie lebten. Welch ein erbärmlicher Zustand, welch ein unwürdiges Bild, das die Medizin hier hervorbrachte. Ein Stück Fleisch, das durch Maschinen auf- und abgepumpt wird. Es zerriss mir das Herz, meine Mutter entgegen ihrem klaren Willen so zu sehen. Keiner von uns konnte diesen Anblick länger ertragen und so flohen wir wieder aus dem Zimmer. Wir hatten uns vom Arzt verabschiedet und er sagte noch, man würde uns zentral über unseren Bruder informieren, sollte sich etwas am Zustand unserer Mutter ändern.

An dieser Stelle frage ich mich ganz ernsthaft, wo der freie Wille und die Würde des Menschen aufhört und andere Menschen darüber bestimmen. Der ärztliche Auftrag und der hippokratische Eid sind wichtig – die Grenze zur Missachtung von freier Willensentscheidung der anvertrauten Patienten ist offenbar nicht immer klar. Noch fataler wäre es, wenn diese Grenzen bewusst und damit missbräuchlich ignoriert würden.

Es folgte der Heimweg und irgendwie das Gefühl, unsere Mutter letztmalig zu verlassen. Michaela bestand darauf, dass ich mein Auto stehen ließ, beziehungsweise dass wir gemeinsam heimfuhren und sie mich chauffierte. Auf der Heimfahrt hat sie mich dann auch davon überzeugt, dass wir unseren Sohn, ihren Bruder, informieren sollten, damit er selbst entscheiden könne, ob er am nächsten Tag anreisen wolle, um sich möglicherweise von seiner Oma verabschieden zu können. Das leuchtete mir ein und es hat sich im Nachhinein auch als richtig herausgestellt.

Es folgte nun wieder eine dieser langen und schlaflosen Nächte. Am nächsten Morgen, es war der 30.12.2018, rief früh mein Bruder an. Es war die Nachricht, mit der wir gestern Abend bereits gerechnet hatten. Wir sollten in die Klinik kommen, um Abschied zu nehmen und die Geräte abschalten zu lassen. Unsere Mutter habe alle Lebensfunktionen eingestellt und es seien nur noch die Geräte, die sie am Leben erhielten.

Selbst wenn ich damit gerechnet hatte und auch ein Stück „Erlösung" meiner Mutter darin erkannte, war es doch ein schwerer Weg in die Klinik, den ich mit Michaela antrat. Zwischenzeitlich hatte unser Sohn Michaela geschrieben, dass auch er auf dem Weg zum Sterbebett seiner Oma sei.

Man hatte in der Klinik auf Wunsch meines Bruders den katholischen Seelsorger verständigt und, so bizarr es klingt, das „Ende" auf zehn Uhr terminiert.

Im Zimmer war unsere Mutter nun allein. Auf dem Beistelltisch eine batteriebetriebene Kerze, ein Kreuz und eine Engelsfigur. Eine merkwürdige Art Stille herrschte im Raum, obwohl die Geräte nach wie vor zischten und pfiffen. Immer wieder schauten Pflegekräfte und die Ärztin nach unserer Mutter und uns. Man erklärte uns, dass man nun Stück für Stück die Maßnahmen abschalten würde, aber unsere Mutter keinen Todeskampf erleiden müsste. Sobald der Pfarrer da sei und wir das Okay gegeben hätten, würde dann final abgeschaltet werden.

Ein unvorstellbar nüchterner und sachlicher Prozess, der aber vom Personal äußerst sensibel und mitfühlend begleitet wurde. Selbst beim gemeinsamen Gebet des „Vater unsers" war die Ärztin mit dabei.

Während der ganzen Zeit saß ich an der linken Seite meiner Mutter und hielt ihre Hand. Ich betete, dass sie noch warten solle, bis ihr Enkel Stefan da wäre. Ich habe ihr wie ein Mantra versprochen, dass er bald da sein würde, nur noch ein bisschen warten – bitte ...

Michaela verschwand plötzlich aus dem Zimmer. Sie hatte von Stefan die Nachricht erhalten, dass er jetzt in der Klinik angekommen sei und sie ihn abholen solle. Just nachdem Michaela aus der Tür war, kam der Satz der Ärztin: „Es ist vorbei – Ihre Mutter ist nun gestorben."

Ich fragte noch ungläubig: „Wieso, sie atmet doch noch?" Die Ärztin entgegnete: „Das sind nur die restlichen Muskelkontraktionen."

Das, was sich dann abspielte, möchte ich einfach in der familiären Intimität belassen. Tatsache ist, dass meine Mutter noch gewartet hat, bis ihr Enkel Stefan in ihrer Nähe war. Der Tod der eigenen Mutter in dieser Dramatik stellte ein weiteres einschneidendes Erlebnis in dieser ohnehin mehr als dichten Lebensphase dar.

Und plötzlich war es still …

Man erlaubte uns noch, in aller Ruhe Abschied zu nehmen. Mittlerweile erklärte die Ärztin meinem Bruder, was nun in welcher Reihenfolge passieren würde und was zu tun sei. Am merkwürdigsten und eher unvorstellbar war, dass meine Mutter von der Kripo begutachtet werden sollte. Dies wäre so vorgeschrieben, wenn jemand auf der Intensivstation nach einer „normalen" OP bei ungeklärter Todesursache starb und erst nachdem der Staatsanwalt die Leiche freigegeben hätte, könnten wir uns um die Trauerfeierlichkeiten kümmern. Was noch dazu kam, war, dass meine Mutter bis zur Begutachtung, so wie sie gestorben war, mit allen Schläuchen und Zugängen, verbleiben musste. Dies wurde uns vorsorglich so mitgeteilt, für den Fall, dass noch jemand aus der Familie Abschied nehmen wollte.

So verabschiedeten wir uns nach und nach von unserer Mutter und machten uns auf den Heimweg.

Zu Hause wartete Marianne auf uns. Wir berichteten ihr von der Möglichkeit des Abschiednehmens, aber eigentlich wollte ich sie vor dem Anblick bewahren. Dennoch war es ihr ein Anliegen, nochmals meine Mutter zu sehen, und so fuhren wir also am Nachmittag noch mal in die Klinik. Bei der Ankunft mussten wir ein wenig warten, bevor wir zu ihr durften. Sie war nun in einem anderen Bereich der Intensivstation aufgebahrt. Friedlich im Bett, aber immer noch mit den Beatmungsschläuchen und dergleichen im Körper. Allerdings herrschte absolute Ruhe. Kein Zischen, kein Piepsen – nichts mehr. Nach einer Weile des Gebets lächelte mir Marianne zu und ohne Worte streichelte ich meiner Mutter übers Gesicht und wir ließen diesen Ort hinter uns.

Die Zeit zwischen der Zeit

Wegen der Silvester- und Neujahrstage dauerte die Freigabe unserer verstorbenen Mutter bis ins neue Jahr. Meine Geschwister wurden von der Kripo befragt, ob denn aus ihrer Sicht alles in der Klinik in Ordnung gewesen wäre und so weiter. Ein bizarrer Vorgang, wie ich meine.

Die Tage um Neujahr habe ich nur in Fragmenten in Erinnerung. Es ist gefühlt eine Zeitzone zwischen zwei Zeiten. Die Zeit vor dem Tod und die Zeit nach der Trauerfeier. Dazwischen liegen knapp zwei Wochen mit eher pragmatischen Dingen. Bestatter, Gärtner, Pfarrer und vieles mehr.

Und ja – da war noch jemand – unser Vater, der Witwer, der plötzlich allein ohne seine „Mama" war. Dieser bereits von deutlichen Symptomen der Demenz gezeichnete Ehemann. Erst jetzt komme ich auf ihn zu schreiben oder sprechen. Bis hierhin hatten wir Kinder und Schwiegerkinder alles Hand in Hand erlebt und durchlebt und auch entschieden, ohne aktive Teilnahme unseres Vaters. Wo war unser Vater in diesen Stunden? Gehörte er nicht an die Seite der Frau, mit der er sechsundfünfzig Jahre in Ehe gelebt hatte? Ein schwieriges Thema, auf das ich nun zurückblicken möchte.

Solange ich zurückdenken kann, durfte unsere Mutter nicht „ausfallen". Wir Kinder waren und sind damit durchaus zurechtgekommen. Bei unserem Vater war dies komplett anders. Die schlimmste Sorge unserer Mutter war nicht das eigene Leiden, sondern die Sorge, wie es ihrem Ehemann ohne „Bemutterung" gehen würde. In vielen Momenten haben wir alle versucht, unserer Mutter den Spiegel vorzuhalten. In den letzten Jahren hat sie es zumindest auch erkennen können. Sie selbst hatte ihren Ehemann „verzogen", wie sie es formulierte, und damit auch zur Unselbständigkeit erzogen. Es ist jetzt am Ende egal, welche Gründe sie dafür hatte. Das Problem war nur, dass wir Kinder nun mit dieser Eigenart unseres Vaters umgehen und zurechtkommen mussten. Ehrlich gesagt habe ich, und wohl auch meine Geschwister, unserer Mutter so manchen Satz diesbezüglich hinterhergerufen. Aber es half nichts und wir alle mussten das Beste daraus machen.

Als meine Mutter am 23.12.18 vom Notarzt abgeholt worden war, hatte mein Vater dies mehr oder weniger bewusst wahrgenommen. Ich denke im Nachhinein, dass es für ihn ein Schockerlebnis gewesen sein muss. Was ich jedoch bis heute nicht verstehen kann, ist die Tatsache, dass er unsere Mutter in all den Tagen, in denen sie über Weihnachten in der Klinik war, und auch danach nicht besuchen konnte. Mein Bruder hatte ihn immer wieder gefragt, ob er mitkommen wolle. Seine Antwort war stets: Nein, er könne nicht … Diesen Umstand zu akzeptieren fällt mir auch heute noch sehr schwer. War das Liebe, die den Anblick der schwachen Frau nicht ertragen konnte? In Gesundheit und Krankheit …? Oder waren es die zunehmend deutlicher werdenden Alzheimersymptome?

Für uns Kinder, und besonders für meinen Bruder und mich, waren stattdessen die Szenen unseres Vaters dabei schier unerträglich. Wann immer ich in dieser Zeit zu Besuch bei

Vater war, kam keine Frage, wie es Mutter gehe. Kein Satz darüber, wie es mit ihr weitergehen würde. Sein ausschließlicher Fokus war, wie schlimm alles für ihn sei, wie allein er sei, dass alles keinen Sinn habe, dass wir bei ihm bleiben müssten und wie schlecht es ihm gehe. Die Szenen mündeten stets in Weinphasen unseres Vaters. Zu Beginn versuchte ich, nur passiv daneben zu sitzen und ihn zu trösten. Ich merkte jedoch, dass sich mein ganzer Körper und alles in mir immer mehr auflehnte. Es war so, als wollte jemand in mir herausschreien, um zu protestieren. Irgendwann passierte es dann und es entfuhr mir eine forsche Gegenfrage, die in die selbstmitleidige Szene meines Vaters hineinbrach. „Hast du dir jemals Gedanken darüber gemacht, wie es uns Kindern dabei geht?! Glaubst du denn, dass all das für uns einfach ist? Was meinst du, wie es mir geht? Marianne hat Krebs und Mutter liegt in der Klinik und du jammerst hier über dich selbst rum!"

Puuh, ohne nachzudenken einfach raus damit. Das Unerwartete war nur, dass Vater sofort aufhörte zu weinen, kurz schwieg und dann das Thema wechselte. Es schien also, als hätte ich den „Ausschalter" gefunden.

Seit diesem Erlebnis habe ich immer wieder diesen Schalter bei ihm betätigt. Er gab mir bei jedem Besuch die Gelegenheit und ich wusste, er würde sich nicht mehr ändern. Außerdem sind diese Züge im Verlauf der Demenz typisch für die Betroffenen.

Für uns Kinder war klar, dass wir unseren Vater auch nicht zwingen konnten, an Mutters Sterbebett zu kommen.

Wichtig für meinen Bruder war jedoch, dass er ihn zumindest gefragt hatte. Genauso klar war jedoch, dass Vater es ausschlug und es vorzog, allein zu Hause zu bleiben. Vor einigen Monaten hätte ich das hier sicherlich mit Emotionen wie Wut und Traurigkeit geschrieben, weil es für mich schier unerträglich war, dass mein Vater unsere Mutter in den schwersten und letzten Stunden ihres Lebens allein gelassen hat. Heute versuche ich, dieses, ihr Leben so zu akzeptieren, wie sie es für richtig hielten. Ob es mir passt oder nicht.

So war es auch ganz logisch, dass wir Kinder uns um alle Belange der Trauerfeier und der Formalitäten kümmerten. Vater haben wir jeweils informiert, aber eben nur sozusagen in „cc" gesetzt.

Nachdem Mutter stets betont hatte, sie wolle eine Urnenbestattung, was übrigens für Vater undenkbar war, haben wir ihrem Wunsch entsprechend alles so organisiert. Die Leiche wurde am 03.01.19 vom Staatsanwalt freigegeben.

Die Urnenbestattung konnte dann für den 11.01.19 festgesetzt werden und nun kamen zwei weitere Phänomene dazu. Bis zu dieser Zeit waren wir kaum mit Winterwetter verwöhnt gewesen. Just ab dem Wochenende vom 05.01.19 begannen heftigste Schneestürme und das ganze Oberland versank in tiefstem Schneechaos. Der Verkehr brach sogar zusammen. Meine Schwester und ich wollten der Einäscherung im Krematorium Traunstein beiwohnen, doch wir mussten diese Idee fallen lassen. Es ging absolut nichts mehr. Ich dachte mir, dass Mutter diesen Weg ganz allein gehen wollte. Es schneite unaufhörlich weiter, so wie ich es nur einmal aus meiner Kindheit in Erinnerung hatte. Meterhohe Schneeberge ...

Scheinbar wollte Mutter am Ende eine besondere Choreografie, denn es schneite im Grunde bis nach der Urnenbestattung nahezu ohne Unterbrechung weiter.

Dem Ganzen sollte noch ein weiteres Ereignis folgen. Unser Vater war zwei Nächte hintereinander aus dem Bett gestürzt. Beim zweiten Mal hatte mein Bruder auch Blut am Boden vorgefunden und er musste den Notarzt rufen. Man entschied, Vater in die Klinik zu bringen. Gerade einmal eine Woche nachdem dort Mutter verstorben war. Vaters Zustand war diffus, obgleich das Blut nur von einem Hämorrhoidalleiden stammte. Es schien aber so, dass er irgendwie innerlich zusammenbrach, und er betonte auch immer wieder, er wolle nicht mehr.

Mein Vater hatte ebenso eine Vorsorgevollmacht und Patientenverfügung und wir bestanden in der Klinik diesmal darauf, diese Wünsche zu respektieren. Man wollte mit Vater diverse Untersuchungen durchführen, bis hin zum Einsatz einer neuen Herzklappe. Hier wurden wir stets wieder gefordert, auf die Verfügung zu pochen. Nachdem es laut Klinik keinen Grund mehr gab, ihn weiter stationär zu behandeln, wurden wir aufgefordert, unseren Vater nach Hause zu bringen. Mittlerweile war er jedoch ein bettlägeriger und immobiler Pflegefall. Durch die Bemühungen des Sozialdienstes und unzähliger Telefonate und Behördengänge bekamen wir glücklicherweise einen Kurzzeitpflegeplatz in einem Pflegeheim für unseren Vater. Dies verschaffte uns Zeit und Luft, über alle weiteren Schritte zu entscheiden. Außerdem stand ja auch die Trauerfeier unserer Mutter an.

Zu dieser Zeit wusste ich tatsächlich nicht mehr, wo nun überall die Baustellen waren.

Exkurs

Genau zu diesem Zeitpunkt kam der nächste Schlag, es kam also Schlag auf Schlag.

In dieser Zeit erhielt Marianne den Befund des Rezidivs und die nun folgende Bestrahlung sollte mit der Maximaldosis erfolgen. Dies sei aufgrund der Tatsache notwendig, dass sich während der Chemotherapie erneut Tumore gebildet hatten, und man müsse nun einfach das Maximum versuchen.

So gesehen hatte ich vom Schicksal mehrere Baustellen zugeteilt bekommen, damit ich nicht an einer einzigen zerbrechen konnte. Ich schmunzle jetzt beim Schreiben, denn ich kann momentan nicht einschätzen, ob das zynisch ist oder aber bereits die Erleichterung der Akzeptanz. Wie auch immer, wundere ich mich jetzt, wie ich trotzdem alles irgendwie überstanden habe und nebenher auch noch meine Seminare abhalten konnte. Die Praxis hatte ich in dieser Zeit geschlossen, denn das Risiko wollte ich weder für mich noch für meine Klienten eingehen.

Die Beerdigung meiner Mutter

Es kam nun der Tag der Beerdigung und das Unwetter mit Schneetreiben nahm kein Ende. Dies führte dazu, dass selbst die engsten Verwandten und Cousinen meiner Mutter aus Schliersee nicht teilnehmen konnten. Das tat mir sehr leid, weil die Schlierseer für Mutter stets die alte Verbindung zu ihrer Heimat gewesen waren. Ich stellte mir aber vor, wie Mama wohl gesagt hätte: „Das ist doch nicht so wichtig – ist ja bloß meine Beerdigung." Sie hätte das auch so gemeint, denn sie war sich selbst einfach nicht sehr wichtig gewesen. Und so war es auch eine relativ überschaubare Trauergesellschaft, bezogen auf die Gepflogenheiten im Dorf. Die Trauerfeier war sehr ergreifend gestaltet und sogar ein Freund meines Bruders mit einer klassischen Gesangsausbildung ließ es sich nicht nehmen, unserer Mutter einen wunderschönen letzten Gruß darzubieten.

Der Weg mit der Urne zum Grab war nur knapp einen Meter breit geräumt und wir gingen fast wie im Schneetunnel etwa auf Bauch- und Brusthöhe durch die Schneemassen. Am Grab waren unsere Blumengrüße nach kurzer Zeit tief vom Schnee bedeckt. Alles in allem wieder eine ganz bizarre Stimmung, aus der sich viele mögliche Rückschlüsse ableiten lassen.

Am Grab kam mir dann erstmals der Gedanke, wen ich denn in Zukunft anrufen würde, wenn ich etwas loswerden wollte. Dies war immer ein „erleichterndes" Ritual gewesen. Egal ob Positives oder aber Sorgen. Ich konnte immer mit dem offenen Ohr meiner Mutter rechnen. Sie war bis zuletzt meine Anlaufstelle gewesen. Natürlich waren es meine eigenen Entscheidungen und auch mein eigenes Leben. Trotzdem gab es mir Sicherheit, dass es da noch jemanden gab, mit dem ich alles teilen konnte, besonders, wenn die Sorgen Mariannes Gesundheit betrafen und ich Halt brauchte. Es war ihr nie zu viel und ihr Standardsatz lautete: „Ach mei Bua, wenn ich euch nur was abnehmen könnte ..."

Und nun war dieses Band von heute auf morgen zerschnitten. Niemand mehr am anderen Ende. Dies war mir bis zu dieser Situation am Grab nicht bewusst gewesen. In dieses Gefühl mischten sich dann wieder alle Ängste und Sorgen, die ich in diesem Buch bereits in den Situationen um Mariannes Krankheit beschrieben habe. Angst, Einsamkeit, Wut, Traurigkeit und nun auch noch das Gefühl dieser tiefen Trauer. In diesem Absinken der Emotionen am Grabe meiner Mutter habe ich kaum noch mitbekommen, dass nur noch wir, die engste Familie, am Grab standen, gemeinsam mit dem Pfarrer, der tapfer bis zum Schluss an unserer Seite verharrte.

Nun war es endgültig an der Zeit, einen allerletzten Gruß an Mutter zu richten.

Pfüad di, Mama!

Nach der Beerdigung

Diesen letzten Weg haben wir Kinder und Enkelkinder ohne unseren Vater beschritten. Am Ende wäre er auch gesundheitlich dazu gar nicht mehr in der Lage gewesen.

Da in einem kleinen Dorf jeder alles vom anderen weiß, konnte ich die Blicke der Trauergäste auch ganz gut zuordnen. Diese Blicke und meine Interpretation fanden dann beim anschließenden Leichenschmaus auch konkrete Worte. Die Frage aller war, wie es nun mit unserem Vater weitergehen solle, weil die beiden doch unzertrennlich gewesen seien. Ich hatte das Gefühl, dass wir es oder besser gesagt uns x-mal erklären mussten.

Gleichermaßen war das natürlich auch die Frage, die uns Kinder in dieser Zeit unentwegt verfolgte. Wie sollte es weitergehen? Wie sollten wir diese Herausforderung meistern? Und wie ließe sich das alles auch finanziell stemmen? Trotz Pflegeversicherung ist es mit einer geringen Rente unmöglich, sich den finanziellen Aufwand einer professionellen Pflege leisten zu können. Ich mag mir gar nicht vorstellen, wie es alten Menschen ergehen mag, wenn sie keine Kinder haben, die sich durch die ganzen Mühlen der Behörden und Formulare quälen, und alles allein leisten müssen.

Eines wurde mir auch durch den ganzen Horror von Mariannes Krankheit klar. Nur auf die Freiwilligkeit und Automatismen der Leistungsträger zu hoffen und zu bauen gleicht der Hoffnung, dass es immer Sonnenschein und niemals Regen geben wird.

Der gemeinsame Nachmittag mit der Trauergesellschaft verging. Wie so üblich versuchte jeder, im Gespräch die eine oder andere schöne Erinnerung über Mutter zu erzählen. Das ist auch so ein Phänomen bei den Hinterbliebenen, ein schönes Bild zu malen, mit Weichzeichner, Pastellfarben und möglichst rosarot ...

Nach einem Abendessen im engsten Familienkreis war dieser herausfordernde Tag nun auch Vergangenheit.

Nun wartete wieder der Alltag mit und um Mariannes Krankheit auf mich. Sozusagen raus aus dem Drama und zurück ins altbekannte Drama.

Marianne denke ich, hat mit der neuen Diagnose einen für sie akzeptablen Weg und Umgang gefunden. Ich hatte während der Zeit des Abschieds von meiner Mutter auch den Eindruck, dass Marianne dies entweder nicht zu sehr an sich heran ließ oder wahrscheinlicher den Tod und die Möglichkeit, eines Tages zu sterben, als Selbstverständlichkeit lebte. Damit schien tatsächlich auch diese nur allzu menschliche und haltlose Angst vor dem Sterben ihren Schrecken zu verlieren, denn (Zitat): „Gestorben wird am letzten Tag."

Wie armselig und schwach fühle ich mich in solchen Momenten, wenn ich wieder in mein Angstmuster eintauche.

Aber es gelingt mir immer öfter, diese Dynamik zu erkennen, um dann auch bewusst auszusteigen und ins Hier und Jetzt zu switchen. Jetzt wird nicht gestorben, sondern jetzt wird gelebt!

Reflektion

Ich möchte an dieser Stelle für ein paar kurze Gedanken in mein gegenwärtiges „Jetzt" schwenken.

Ich schreibe nun schon einige Tage auf Rhodos und wir haben uns in diesem schönen Hotel tagsüber ganz alleine in den Spa-Bereich zurückgezogen. Wir genießen das Schwimmbad zur alleinigen Nutzung, weil alle am Strand oder den diversen Außenpools den Tag verbringen.

Das Schreiben ist für mich nun auch im Umfeld der anderen Gäste kein Problem mehr, denn in dieser Übung der Achtsamkeit ist das Eintauchen in die zurückliegenden Erlebnisse genauso möglich. Gleichzeitig erlebe ich auch (wieder), dass es mir von Seite zu Seite leichter fällt, die Erlebnisse mit den damit verbundenen Gefühlen nochmals zu betrachten, und dass sich dadurch die Intensität verändert. Schreiben im entspannten Umfeld kann ich durchaus als „Eigentherapie" empfehlen.

Gerade träume ich wieder so in meinem „Jetzt" dahin und mir fällt ein Satz ein, den ich oftmals meiner Frau und meinen Kindern über mich selbst gesagt habe. Mein Leben war stets neu. Sei es in beruflicher Hinsicht oder auch bei anderen Aktivitäten. Wann immer eine neue Idee kam, stöhnten alle um mich herum. Ich sagte dann, dass ich das Gefühl habe, ich brauche noch viele Leben, um all meine Ideen umsetzen zu können.

Jetzt, in diesem Moment hier, wird mir bewusst, dass möglicherweise die „Dichte" der Ereignisse auch ein Ergebnis meiner Gedanken und Wünsche sein könnten. Ich habe in diesem zurückliegenden Jahr womöglich mehr durchlebt als manch anderer in seinem gesamten Leben. Zu Marianne habe ich öfter aus Spaß gesagt, sie hätte sich auch einen ganz langweiligen, grauen Finanzbeamten suchen können. Dann hätte sie sicherlich ein ruhigeres Leben mit weniger Aufregung gehabt. Aber nein – und wieder ist das Gedicht da – „das Leben, das ich selbst gewählt ..."

Strahlentherapie

Nun wieder zurück in die Wochen nach der Beerdigung meiner Mutter.

Marianne wurde also mit der Maximaldosis bestrahlt und es sollten insgesamt dreißig Einheiten werden. Auf die Frage nach den Nebenwirkungen hatte uns die Ärztin nur gesagt, dass es in manchen Fällen im Laufe der Therapie zu Verbrennungen im bestrahlten Hautbereich kommen könne. Dies müsse sehr sorgsam und engmaschig kontrolliert und beobachtet werden.

Hierfür hatte sich Marianne aber bereits im Vorfeld, wie schon bei allen vorausgegangenen Therapien, über unterstützende und präventive naturheilkundliche Maßnahmen informiert. Schafwolle und eine bestimmte Creme sollten im Strahlenfeld aufgebracht werden. Das hat Marianne auch konsequent getan. Nach etwa zwanzig Bestrahlungen war die Haut trotzdem stark gereizt und rot entzündet, aber sie war niemals wund oder offen.

Insgesamt kam es bei der Strahlentherapie bis auf Müdigkeit zu keinen nennenswerten Nebenwirkungen. Marianne erholte sich von Woche zu Woche mehr von der zurückliegenden Chemotherapie. Einzig die nach wie vor laufende Antikörpertherapie zeigte neurologische Nebenwirkungen in Form von Polyneuropathie. Das war jeweils für mehrere Tage eine große Belastung und führte zu schlechtem Schlaf und Missempfindungen auf der Haut.

Die zusätzlich dringend angeratene Hormontherapie brach Marianne nach einigen Versuchen ab. Die Nebenwirkungen waren so stark, dass es für sie kein lebenswerter Zustand war. Hier hat Marianne für sich selbst entschieden. Ich habe gelernt zu akzeptieren …

Mit den Wochen und der Gesamtverbesserung stellte sich eine gewisse Routine in unserem Alltag im Umgang mit der Erkrankung ein. Ein wichtiger Faktor dabei war jedoch die professionelle Begleitung durch die Psychoonkologin.

Dies wurde Marianne bereits in der Klinik in München nahegelegt. Der Rat ist auf alle Fälle gut. Die große Schwierigkeit liegt jedoch darin, einen Therapeuten oder eine Therapeutin zu finden. Die Wartezeiten sind extrem lang – bis zu einem Dreivierteljahr. Eine für die Genesung kostbare Zeit, die dringend gefüllt werden muss. Ich hatte das Glück oder auch Privileg, wie schon beschrieben, durch meine Kontakte in der Psychiatrie Ansprechpartner zu haben, an die ich mit dem Problem wenden konnte. So bekam Marianne bei einer ehemaligen Kollegin innerhalb kürzester Zeit einen Ersttermin und der Kontakt hat für beide auf Anhieb gut gepasst, sodass Marianne mit und durch psychoonkologische Begleitung zusehends stabiler und stärker wurde. Dies empfand ich als Partner als äußerst beruhigend.

Ich schaffe es nicht mehr allein

Im Laufe dieser Zeit spürte ich aber auch, dass ich mir selbst eingestehen musste, alleine – ohne professionelle Hilfe – nicht mehr zurechtzukommen. Es wurde mir alles zu viel und meine Kräfte (auch physisch) neigten sich dem Ende zu, oder besser gesagt, sie waren schon erschöpft.

Natürlich kenne ich aus meiner Ausbildung und auch aus der Zeit danach noch die Situation auf dem Stuhl des Klienten. Da gab es aber zu keiner Zeit ein so komplexes und auch substanzielles Thema zu bearbeiten. Ich wollte und musste nun also auch etwas für mich tun. Ich fragte ungewöhnlicherweise bei meiner Exkollegin – und mittlerweile Therapeutin meiner Frau – an, ob sie vielleicht auch mit mir arbeiten wolle und könne. Das ist zugegebenermaßen für sie eine besondere Herausforderung. Aus meiner Perspektive wollte ich mich jedoch ohne jeglichen Vorbehalt oder gar ein Kräftemessen dem Therapieprozess hingeben.

Die Therapeutin hatte mir nach einem Erstgespräch auch ihre Bereitschaft signalisiert und so hatte ich wieder oder besser gesagt erstmals seit der Diagnose das Gefühl, dass ich mich jemandem öffnen konnte und ich mich einem anderen zumuten durfte.

Nun sagt man (und auch ich) uns Männern nach, dass wir uns schwertun mit dem Reden. Ich habe für mich in dieser Zeit den Eindruck gewonnen, dass der Grund eher darin liegt, die Notwendigkeit zu erkennen, sich professionelle Hilfe zum Reden zu suchen.

Weder die Ehefrau noch jemand aus der Familie und schon gar nicht der noch so gute Freund können hier kompetente Ansprechpartner sein. Die Freunde neigen ohnehin mehr dazu, die „Faustschläger" mit ihren gut gemeinten Ratschlägen zu sein. Die Familienangehörigen sind emotional nicht frei und daher Teil des Systems. Es braucht diesen klaren, nüchternen, aber dennoch emphatischen Fachblick von außen, um die Dinge gut und gesund zu erkennen und sie zu verändern, damit aus der Ohnmacht wieder Macht wird.

Ich kann für mich sagen, dass ich die letzten Wochen und auch jetzt dankbar bin, regelmäßig in Therapie zu gehen. Dies liegt in der Eigenverantwortung jedes Einzelnen.

Die Zeit der Reha

Die Monate Februar bis April vergingen relativ ruhig und in Anbetracht der Ereignisse bis dahin unspektakulär. Es ging nun auch darum, die Reha für Marianne zu organisieren. Diese sollte gleich im Anschluss an die Strahlentherapie stattfinden.

Entgegen der diversen Infos von anderen Krebspatientinnen und des Sozialdienstes gestaltete sich die Auswahlmöglichkeit der Rehaklinik als äußerst schwierig und am Ende gar als unmöglich. Marianne wurde eine Rehaklinik nahe Passau zugewiesen, die primär auf Diabetes und Adipositas spezialisiert ist. Eine Freundin von Marianne war auch als Krebspatientin vor circa vier Jahren dort gewesen mit sehr schlechten Erfahrungen. Auch die Bewertungen im Internet waren überwiegend negativ. Aus diesem Grund legte Marianne gegen den Bescheid Widerspruch ein. Dieser wurde aber von der Rentenversicherung zurückgewiesen.

Marianne musste sich also mit einem sehr enttäuschten und unmotivierten Gefühl den Anordnungen fügen. Hier darf ich behaupten, dass alleine solche unmöglichen Entscheidungen aus der Distanz eines ärztlichen Gutachters beim Leistungsträger absolut unqualifiziert und am Patienten vorbei getroffen werden. Wenn die Reha das Wohlergehen und die Gesundung des Patienten zum Ziel haben soll, dann müssen diese Maßnahmen mit dem Patienten und dem behandelnden Arzt vor Ort getroffen werden und nicht aus subjektiver und vermutlich wirtschaftlicher Sicht des Leistungsträgers, gegen den Patienten.

Irgendwann wird man aber auch hier mürbe und beginnt, sich einfach nur noch zu fügen. Ein Skandal in unserem Gesundheitssystem für Schwerstkranke.

So stand ich auch hier wieder hilflos daneben und spürte natürlich die herbe Enttäuschung meiner Frau, weil sie sich nach all den Strapazen sehr auf die Reha gefreut hatte. Am Ende musste sie es akzeptieren und mit dem Satz „Wer weiß, wozu es gut ist" ertragen.

Der Reha-Beginn war der 25.04.19 und die Dauer war auf drei Wochen festgelegt. Zur gleichen Zeit hatte sich unsere Tochter schon vor Langem eine ursprünglich unbefristete Auszeit in Australien vorgenommen. Vor dem Hintergrund des Rezidivs und der aktuellen Ereignisse hatte sich Michaela aber nur für einen fünfwöchigen Trip entschieden. Diese Reise begann am 16.04. und so standen für mich zwei Abschiede an: die Abreise meiner Tochter und die Abreise von Marianne. Gleichzeitig bedeutete dies für mich drei Wochen ganz allein mit mir und meinem Hund. Ich bekam zwar im Vorfeld Angebote meiner Schwiegermutter, meines Bruders und so weiter, dass ich mich melden solle, wenn mir die Decke auf den Kopf fiele. Das waren sicherlich gut gemeinte Angebote, aber ich wollte tatsächlich allein sein und nichts hören und sehen. Das war jedoch blanke Theorie, denn auf ganz merkwürdige Art war ich in dieser Zeit mit so vielen Dingen beschäftigt, dass ich kaum Zeit hatte nachzudenken. Ob das unbewusst von mir so gewollt war, kann ich auch im Nachhinein nicht sagen. Fakt ist, dass diese drei Wochen wie im Flug vergangen sind.

Michaela hat derweil ihren dreißigsten Geburtstag allein in Sydney gefeiert. Dank der modernen Medien haben wir täglich über Bilder und Reiseberichte an ihren Erlebnissen teilhaben dürfen.

Was mich in dieser Zeit besonders herausforderte, waren die Abendstunden. Die tatsächlich leeren Stunden, in denen dann so mancher Fluchtimpuls kam. Es waren diese Impulse, einfach davonzulaufen, ohne jedoch zu wissen, wohin. Die Frage war natürlich auch: Wovor wollte ich weglaufen? Der Therapeut in mir und die Logik sagten, ganz egal wohin ich laufe, ich werde selbst immer dabei sein und damit wird anderorts auch nichts anders sein. Was für ein Dilemma! Das ist die große Herausforderung – nicht davonzulaufen, sondern die Situation zu meistern, sich zu stellen, sich ihr hinzugeben.

Ich bin aber dankbar dafür, diese Ambivalenz erlebt und die Phase des Alleinseins ohne Traumatisierung überlebt zu haben. Genau genommen kannte ich dieses Gefühl in meinem bisherigen Leben nur allzu gut. Allein mit sich selbst versucht man, sich durch Gesellschaft im Außen eine Requisite des „Nichtalleinseins" aufzubauen, um wieder vor den eigenen Herausforderungen davonzulaufen.

Das Ende der Reha kam also und ich freute mich riesig auf das Wiedersehen mit meiner Frau. Wir hatten uns nämlich darauf verständigt, dass ich sie während der Reha nicht besuchen würde. So lange waren wir seit unserem Kennenlernen vor fünfunddreißig Jahren noch nie getrennt gewesen und ich wollte für mich auch einmal testen, wie es mir mit dem Thema „Alleinsein" ging. Klar haben wir uns täglich entweder über WhatsApp oder telefonisch ausgetauscht. Aber die physische Distanz ist doch eine Herausforderung gewesen und in diesen drei Wochen wurde mir mehrmals mein Gedanke am Grab meiner Mutter, Monate vorher, wieder bewusst. Sie ist nun nicht mehr da und ich kann sie auch nicht mehr einfach so anrufen. Auch meine Tochter ist nicht einfach so erreichbar und Stefan wegen seines Jobs und der Entfernung auch nicht – also bin ich alleine …

Mariannes Heimkehr

In der Zwischenzeit gab es bei Vater immer wieder kleinere Aufs und Abs. Glücklicherweise war es möglich, aus dem Kurzzeitpflegeplatz im Pflegeheim einen dauerhaften zu machen. Im Großen und Ganzen hatte er sich im Pflegeheim gut eingelebt und sich soweit stabilisiert, sodass er auch an Ausflügen wie beispielsweise dem Maibaumaufstellen am 1. Mai in Miesbach teilnehmen konnte.

Rund zehn Tage nach diesem Ausflug erhielt ich dann eine Nachricht meines Bruders, dass Vater in die Klinik gekommen sei, weil er so viel Gewicht zugenommen hätte und man das Wasser nicht in Griff bekäme. Dies sollte nun stationär durch Infusionen behandelt werden. Die Therapie schlug auch rasch und gut an. Der Aufenthalt in der Klinik sollte nur von kurzer Dauer sein, sodass ich keine Notwendigkeit sah, in die Klinik zu fahren.

Der Tag von Mariannes Heimkehr am 16. Mai war nun gekommen und nachdem ich erst gegen Mittag mit ihr rechnete, wollte ich morgens noch einen Termin beim Steuerberater abarbeiten. Ich war also um halb zehn beim Steuerberater und kurze Zeit später klingelte mein Handy und Mariannes Nummer leuchtete auf dem Display auf. Ich ging davon aus, dass sie mir mitteilen wollte, wo sie gerade war und wann sie daheim sein würde.

Stattdessen folgte ein weiterer Blitzschlag. Sie erzählte, sie sei soeben zu Hause angekommen und meine Schwester hätte angerufen und ihr mitgeteilt, dass mein Vater gestorben sei.

Ich sitze nun hier über dieser Seite und versuche, eine Sprache zu finden, die meine Gefühle in diesem Moment in realer Weise widergibt. Mir fällt nichts ein und ich kann es nicht beschreiben. Warum ist es also, dass mir die Worte zu diesem Moment fehlen? Es fühlt sich im Augenblick einfach nur leer an. Kein Gefühl dazu. Stattdessen schildere ich jetzt den rationalen Ablauf.

Ich sagte zu Marianne nur den kurzen Satz: „Ich bin sofort daheim." Zu meinem Steuerberater, der all die zurückliegenden Dramen auch ganz nah mitbekommen hatte, sagte ich nur noch, dass mein Vater heute gestorben sei und ich sofort nach Hause müsse. Er war fassungslos und fragte: „Was kommt denn noch alles bei dir?"

Das Wiedersehen mit meiner Frau habe ich mir komplett anders vorgestellt. Auf dem Weg nach Hause gingen mir alle möglichen und unmöglichen Gedanken durch den Kopf. Was war geschehen? Warum jetzt, wo Vater sich doch so gut erholt hatte? Wollte er nun doch nicht mehr? Hatte Mama ihn zu sich geholt?

Ein ganz wirres Gedankenkarussell. Dazu und dazwischen tauchten aber auch Gedanken auf, dass er nun auch seine Ruhe und den Frieden gefunden hatte, den er sich in der Zeit nach dem Tod unserer Mutter so sehr gewünscht hatte. Durfte ich so etwas überhaupt denken?

Unfassbarer und dichter als jeder Krimi. Solche Ereignisse, in derart kurzer Zeit – das ist definitiv mehr, als man(n) ertragen kann.

Ich erwartete Freude, Wiedersehen, Feiern mit meiner Frau und stattdessen gesellte sich der Tod meines Vaters dazu. Er kam einfach und ohne Einladung in unser Haus und setzte sich an unseren Tisch. Hier versuchte ich gerade, meinen eigenen Zynismus wieder etwas zu bändigen, denn wie oft hatte ich Pläne gemacht, wie oft hatte ich mich auf etwas gefreut und wie oft wurden diese Vorstellungen und Wünsche durch die gnadenlose Realität verändert.

Ich war nun daheim angekommen und nahm meine Frau zuerst lange und intensiv in den Arm. Das war das einzig Wichtige in diesem Moment. Stille und diese innige Umarmung – wie sehr hatte ich mich danach gesehnt. Erst mit der Zeit fragte ich nach, was denn genau meine Schwester gesagt habe und was passiert sei. Mein Vater war demnach vom Klinikpersonal morgens tot im Bett aufgefunden worden. Er sei ganz einfach nicht mehr aufgewacht.

Ich rief gleich meinen Bruder an und er bestätigte die Schilderung meiner Schwester. Er selbst wollte nicht mehr in die Klinik fahren, um sich dort von Vater zu verabschieden. Stattdessen beauftragte er den Bestatter mit der Überführung, damit wir uns am nächsten Tag in angemessener Weise und im würdigen Umfeld des Bestatters von unserem Vater verabschieden konnten. Das kam mir sehr entgegen. Einerseits hatte ich damit mehr Zeit für Marianne und andererseits ersparte ich mir die erneuten Eindrücke der Klinik, in der Monate zuvor unsere Mutter gestorben war.

Ich wirke im Moment schon fast nüchtern und sachlich, aber so war zumindest die Organisation der Beerdigung unseres Vaters mit einer gewissen Routine und Erfahrung entspannter für uns als noch fünf Monate zuvor bei unserer Mutter. Der wesentliche Unterschied lag darin, dass Vater ganz konservativ eine Erdbestattung wollte und wir demzufolge relativ kurzfristig alles organisieren und entscheiden mussten.

Der Todestag war ein Donnerstag und so beschlossen wir, den Montag für die Bestattung zu organisieren. Zum Glück hat sich mein Bruder um vieles gekümmert, sodass ich hier relativ frei war.

Es war nun auch an der Zeit, unsere Kinder über den Tod ihres Opas zu informieren. Alle beide haben auf die Nachricht unisono geantwortet, dass Opa nun bei seiner geliebten Oma sei und beide in Ruhe vereint seien. Das sei ohnehin der Wunsch der beiden gewesen. Michaela bedauerte zwar sehr, an der Beerdigung nicht teilnehmen zu können, weil sie noch in Australien war, aber in Gedanken war sie bei Opa und Oma.

Wenige Tage vor Michaelas Abreise im April hatte sie mit mir gemeinsam ihren Opa im Pflegeheim besuchen wollen. Er hatte sich sehr gefreut und wir flachsten auch noch rum, ob ihm Michaela dann ein Känguru aus Australien mitbringen solle. Er meinte dann nur, dass „die hier drin" wohl wenig begeistert darüber wären. Als wir uns von Vater damals im Pflegeheim verabschiedeten, erzählte mir Michaela, dass sie ein kleines Stoffkänguru geschenkt bekommen habe, das sie nach ihrer Rückkehr Opa ins Heim bringen würde. Das hat nun nicht mehr geklappt. Michaela und auch ich waren über diesen Besuch sehr froh und unmittelbar nach ihrer Ankunft hier in Deutschland besuchten wir gemeinsam das Grab und Michaela löste ihr Versprechen ein. Das Känguru stand von nun an am Grab ihres Opas als letzter Gruß. Es war für uns ein wirklich ergreifender Moment.

Nun aber zurück zur Trauerfeier unseres Vaters. Im Mai mussten wir nicht mit einem Schneechaos rechnen. Trotzdem war die Inszenierung auch an diesem Tag besonders. Es regnete bereits seit Tagen wie aus Eimern. Der Tag der Beerdigung brachte Regenfälle ohne Unterlass, sodass selbst der vorbereitete Aushub des Grabes drohte einzustürzen und der Bestatter den Aushub entsprechend abstützen musste.

Wir fanden uns also erneut am selben Ort und zum selben Anlass in dieser Kirche ein. Die Kirche, in der ich seit meiner Kindheit alles im katholischen Gemeindeleben miterlebt hatte. Diese Kirche, die ich rund fünfundzwanzig Jahre nicht mehr von innen gesehen hatte und die nun in kürzester Zeit beinahe wie vertraut wirkte. Es ist schwierig zu beschreiben, aber ich dachte, den letzten Weg meines Vaters „entspannter", routinierter gehen zu können (was nebenbei völliger Blödsinn ist), nachdem wir das Ganze mit meiner Mutter erst kürzlich durchgemacht hatten.

Dies gelang mir bis zum Zeitpunkt, als sich der Trauerzug formierte und wir hinter dem Sarg unseres Vaters das Geleit gaben. Die Blaskapelle ging voraus, die Mitglieder des Trachtenvereins schoben den Sarg, die Kirchturmglocken donnerten den gesamten Umfang ihres Klangs auf uns herab und ein Spalier aus Nachbarn, Freunden, Verwandten und Bekannten säumte den letzten Weg unseres Vaters. Da verlor ich meine Fassung und konnte meine Tränen nicht mehr unterdrücken, genauso wie sie auch jetzt, vier Wochen später auf Rhodos, noch den Weg aus meinem Herzen in die Augen finden. Es war sehr ergreifend und jetzt war es ganz klar: Meine Eltern waren nicht mehr. Es gab niemanden mehr vor mir. Ich stand nun an vorderster Front und alles andere kam nach mir.

In diesem Moment wurde mir auch klar, dass dieser Weg zum offenen Grab meines Vaters, in dem erst kurz vorher meine Mutter ihre letzte Ruhe gefunden hatte und in dem auch meine beiden Großelternpaare ruhten, auch etwas „End- und Gültiges" meines Elternhauses markierte. Diese Zeit war nun gültig zu Ende. Es gab also auch kein Wiedersehen oder ein „Ich komme bald wieder."

Es war nun klar: Es war vorbei.

Reflektion

Jetzt, in der Nachbetrachtung, versuche ich, meinen Gefühlen zum Tod meiner Eltern und den damit verbundenen Eindrücken eine gewisse Ordnung zu geben. Dies wiederum ist bereits erneut paradox, denn: Folgen Gefühle überhaupt einer Ordnung?

Wozu soll hier Ordnung herrschen? Klar, Ordnung gibt mir Sicherheit. Ordnung verschafft mir Überblick und Halt. Unordnung macht mir Sorgen, Angst und Unbehagen. Und schon ist er da – der Sorgenmacher ...

Just bei diesem Satz, den ich hier im Spa-Bereich in unserem wunderschönen Hotel auf Rhodos zu Papier bringe, blicke ich von der Kugelschreiberspitze auf und mein Blick geht über meine ausgestreckten Beine auf den Rand des Schwimmbeckens vor mir. Marianne stützt sich am Beckenrand mit dem Kinn auf ihren verschränkten Unterarmen ab. Nur die Arme, Schultern und ihr Kopf mit dem frechen Kurzhaarschnitt schauen aus dem Wasser raus. Sie beobachtet mich wohl schon eine gewisse Zeit, ohne dass ich es bemerkt hätte. Ich frage sie etwas erschrocken: „Was ist?"

Sie lächelt mich nur an und sagt: „Ich schau dir zu, während du schreibst."

Ich frage: „Wie sehe ich denn aus, während ich schreibe?"

Marianne antwortet: „Sehr zufrieden siehst du aus und das Schreiben tut dir offensichtlich sehr gut."

Rhodos, 30. Juni 2019

Nachgedacht

„… und das Schreiben tut dir offensichtlich sehr gut."

Mit diesem Zitat meiner lieben Frau schließe ich meine Reflektion und dieses Buch, welches keines werden sollte.

Im ersten Absatz der Einleitung zu diesem Buch stand die Frage, wie es zu der Auszeit im Kloster St. Ottilien kam.

Heute, genau neunzehn Tage später, frage ich mich, wie es sein kann, dass in einer Auszeit ein ganzes Buch entstehen konnte. Ein Buch, das weder geplant noch Grund dieser Tage im Kloster und des Urlaubs auf Rhodos war.

Es wurde vielmehr ein spannender Prozess des Schreibens und Hinabtauchens in all die wesentlichen Eindrücke der letzten dreizehn Monate. Je mehr ich mich auf diesen Prozess einlassen konnte, desto automatischer und intensiver wurde der Schreibprozess. Ich habe auch festgestellt, dass ich mich im Schreibfluss nur noch auf die Spitze meines Stiftes fokussiert habe und selbst ganz gespannt war, was als Nächstes aufs Papier kommen würde.

Es entstand also etwas, während etwas passierte. Ein kurioser Vorgang, der so ungewöhnlich und unlogisch erscheint, aber dennoch passiert ist.

Noch während dieses Projektes veränderte sich in mir so vieles, was ich hier ganz klar als Eigentherapie beschreiben kann. Mir wurde währenddessen bewusst, dass ich eine Art Frieden schließen oder aber auch einen Abschluss finden musste. Inwieweit dieses Buch mein Leben verändern wird, lässt sich ohnehin erst zu einem späteren Zeitpunkt feststellen. Dass dieser Prozess eine besondere Dynamik in den letzten drei Wochen erhalten hat, ist bereits heute für mich sonnenklar.

Sie werden sich vielleicht auch die Frage gestellt haben: Warum hört er denn jetzt mit diesem Satz oder an dieser Stelle der Geschichte auf? Für mich war es intuitiv der perfekte Abschluss, als mich meine Frau vom Beckenrand aus so gesehen hat.

Wie wird mein Leben wohl weitergehen? Welche Dramen oder Überraschungen erwarten mich noch auf meinem Lebensplan? All dies sind Fragen, auf die es jetzt noch keine Antworten gibt. Es sind auch Fragen, die eher Angst repräsentieren, anstatt Vertrauen. Es geht meines Erachtens nicht darum, diese Ängste zu ignorieren oder sie, wie es so gern in gewissen esoterischen Kreisen getan wird, als „schlechte Energie" abzuwerten. Es geht nach meiner Erfahrung vielmehr darum, sich diese Ängste bewusst zu machen, sie sich anzusehen und auch zu lernen, dass Angst sein darf.

Die Angst als einen wichtigen Teil unseres Seelenlebens zu akzeptieren ist für mich der essenzielle Teil dieser Lebenszeit und meiner Erlebnisse der vergangenen Monate.

Zunächst reagieren die meisten Menschen auf Angst typischerweise mit dem Gedanken und Wunsch, keine Angst haben zu wollen. Diese gegensätzliche Energie erzeugt logischerweise auf der Angstseite noch mehr Angstenergie. Es entsteht also ein Angstkraftfeld, das sich gegenseitig mit Energie befeuert.

Die Lösung hierbei kann nur der achtsame Umgang mit der Angst sein. Dies beginnt mit der Erkenntnis – „Ich habe ein Gefühl von Angst" und nicht „Ich bin die Angst." Dem folgt die Akzeptanz dessen, was ist, denn es ist so, wie es ist. Und wenn es anders sein sollte, dann wäre es nicht so, wie es ist.

Aus dieser Akzeptanz der Angst kann sich mit der Zeit sogar ein steuerbarer Angstregler ergeben, indem ich jedes Mal, wenn sich die Angst zeigt, zunächst die Beobachterposition einnehme, ohne zu bewerten. Aha, das Gefühl Angst zeigt sich – ich kenne es.

Jon Kabat-Zinn benennt diese Haltung auch als die Beobachtung der Veränderung des Momentes. Also einfach nur interessiert wahrzunehmen, wie sich der gegenwärtige Moment verändert.

Ich weiß (und höre schon Ihre Kritik), das klingt alles irgendwie so schlau und so, als wäre das nur eine Frage, wie ich eine bestimmte Formel anwenden soll. Das stößt mich bei all den Schriften und Büchern derjenigen Autoren und einem Großteil der „Mentaltrainerfraktion" ab. Hier klingen diese narzisstisch gefärbten Formeln fast immer gleich: „YES YOU CAN! – Ich erkläre dir mal, wie das Leben funktioniert." Dabei hat ein Großteil dieser Lebensberater oder Mentaltrainer kaum eine Vorstellung davon, was intensives Leben überhaupt bedeutet. Ein authentisches Gefühl intensiven Lebens kann nur derjenige wiedergeben, der tatsächlich die Tiefen des Lebens erlebt und durchlebt hat und auch nachvollziehen kann, wie es sich anfühlt, am Abgrund zu stehen.

Wir brauchen also in unserem Leben mehr oder weniger Krisen, um zu wachsen. Ob uns dies nun gefällt oder auch nicht.

Ehrlich gesagt habe ich im Moment kein Bedürfnis nach weiteren Krisen und eher den Wunsch nach ein wenig Langeweile oder besser gesagt einer Verschnaufpause.

Aber auch in diesem Satz steckt wieder eine Übung, zu akzeptieren, was ist und was kommen mag. Ob mir das gefällt oder auch missfällt.

Damit ich am Ende nicht doch noch in einen „Ratgeber für ein richtiges Leben" abgleite, schließe ich dieses Kapitel der Nachbetrachtung mit Mariannes Leitsatz.

„Jetzt im Moment lebe ich und gestorben wird am letzten Tag."

Das Leben, das ich selbst gewählt

Eh' ich in dieses Erdenleben kam,
ward mir gezeigt, wie ich es leben würde.
Da war die Kümmernis, da war der Gram,
da war das Elend und die Leidensbürde.
Da war das Laster, das mich packen sollte,
da war der Irrtum, der gefangen nahm.
Da war der schnelle Zorn, in dem ich grollte,
da waren Hass und Hochmut, Stolz und Scham.

Doch war da auch die Freude jener Tage,
die voller Licht und schöner Träume sind,
wo Klage nicht mehr ist und nicht mehr Plage,
und überall der Quell der Gaben rinnt;
wo Liebe dem, der noch im Erdenkleid gebunden,
die Seligkeit des Losgelösten schenkt,
wo sich der Mensch, der Menschenpein entwunden,
als Auserwählter hoher Geister denkt.

Mir war gezeigt das Schlechte und das Gute,
mir ward gezeigt die Fülle meiner Mängel,
mir ward gezeigt die Wunde, draus ich blute,

mir ward gezeigt die Helfertat der Engel.
Und als ich so mein künftig' Leben schaute,
da hört' ein Wesen ich die Frage tun:
Ob dies zu leben ich mich traute,
denn der Entscheidung Stunde schlüge nun.

Und ich ermaß noch einmal alles Schlimme –
„Dies ist das Leben, das ich leben will!",
gab ich zur Antwort mit entschlossener Stimme
und nahm auf mich mein neues Schicksal still.
So war geboren ich in diese Welt,
so war's, als ich ins neue Leben trat.
Ich klage nicht, wenn's oft mir nicht gefällt,
denn ungeboren hab' ich es bejaht.

(Autor unklar)
Das Gedicht wird fälschlicherweise Hermann Hesse
zugeschrieben (Quelle: www.hermann-hesse.de)

Autorenportrait

Der Autor arbeitet in seiner eigenen Praxis als Heilpraktiker für Psychotherapie (Berufsbezeichnung: Heilpraktiker beschränkt auf den Bereich der Psychotherapie).

Er ist freiberuflicher Dozent und Ausbilder im Bereich der Psychiatrie mit den Therapiemethoden: Gesprächstherapie, Hypnosetherapie, EMDR, EMDR-Schmerz und DBT.

Einen Teilbereich seiner Tätigkeit übt er als Mediator mit dem Schwerpunkt Paar-, Wirtschafts- und Familienmediation aus.

Als Fachbuchautor ist der Verfasser auch ein gefragter Redner bei Vortragsveranstaltungen.

Praxis und Kontakt:

Holzkirchener Str. 10

82054 Sauerlach/Arget

Telefon 08104/888 437

Mail: post@praxis-bacher-maurer.de

Internet: www.praxis-bacher-maurer.de

Josef Bacher-Maurer

St. Ottilien – Ort der Einkehr

Ich war und bin sehr dankbar für diesen wunderbaren Ort der Ruhe und Einkehr. Als Gast dieses Hauses hatte ich jederzeit das Gefühl der aufmerksamen Geborgenheit. Kein Wort war zu viel oder zu wenig. Der Gast wird weder nach seinem Glauben noch seiner Herkunft, gesellschaftlicher Stellung oder sonstiger, allzu menschlicher Kriterien eingeteilt. Es ist absolut gleichgültig, ob ich für mich allein sein wollte oder mich im Tagesablauf integrierte.

Ich kann diesen Ort im herrlichen Oberbayern, inmitten der Natur, aus ganzem Herzen jedem empfehlen, der bei sich ankommen möchte.

Die Gegend rund um St. Ottilien bietet unzählige Möglichkeiten, sich mit der Natur zu verbinden. Die nahe gelegenen Seen, wie der Ammersee, Wörthsee, Pilsensee und der Starnberger See laden zu Ausflügen ein.

Danksagung

Ich danke allen Leserinnen und Lesern …

… allen betroffenen Partnern, denen es mit diesem Buch gelingt, besser für sich zu sorgen, und die den Mut haben, sich professionelle Hilfe zu holen.

… allen Patientinnen und Patienten, die durch diese Zeilen erkennen, dass sich ihr Partner oder ihre Partnerin ohnmächtig und hilflos fühlt und auch (mit-)leidet oder einsam ist.

… allen Menschen, denen es gelingt, Betroffene und auch die Partner aktiv anzusprechen und die Sprachlosigkeit zu überwinden.

… allen lieben Menschen, die zum Gelingen dieses Buches beigetragen haben – besonders Michaela.

… allen, die mein Buch weiterempfehlen.

FSC
www.fsc.org
MIX
Papier | Fördert
gute Waldnutzung
FSC® C083411

Zeitfracht Medien GmbH
Ferdinand-Jühlke-Straße 7
99095 Erfurt, Deutschland
produktsicherheit@kolibri360.de